Gabriel Kuhn

Vielfalt, Bewegung, Widerstand

UNRAST

Gabriel Kuhn (geb. 1972 in Innsbruck) ist seit Ende der 1980er Jahre in anarchistischen Zusammenhängen aktiv, vor allem in Publikationsprojekten. Einem Philosophiestudium in Österreich und den USA folgten lange Reisejahre. Seit 2006 lebt Gabriel in Schweden. Im Jahr 2000 gründete er Alpine Anarchist Productions, einen DIY-Verlag, der sich auf die Herausgabe von Zines konzentriert. Gegenwärtig arbeitet er an mehreren Projekten mit dem US-Verlag PM Press. Bei Unrast erschienen bisher: *Tier-Werden, Schwarz-Werden, Frau-Werden. Eine Einführung in die politische Philosophie des Poststrukturalismus* (2005), *Jenseits von Staat und Individuum. Individualität und autonome Politik* (2007), *›Neuer Anarchismus‹ in den USA. Seattle und die Folgen* (Hg., 2008).

GabrielKuhn

Vielfalt, Bewegung, Widerstand

Texte zum Anarchismus

UNRAST

Bibliographische Information Der Deutschen Bibliothek
Die Deutsche Bibliothek verzeichnet diese Publikation in der Deutschen Nationalbibliografie; detaillierte bibliographische Daten sind im Internet über http://dnb.ddb.de abrufbar.

Gabriel Kuhn - Vielfalt, Bewegung, Widerstand
1. Auflage, August 2009
ISBN 978-3-89771-497-7

Postfach 8020, 48043 Münster – Tel. (0251) 66 62 93
info@unrast-verlag.de
www.unrast-verlag.de
Mitglied in der *assoziation Linker Verlage* (aLiVe)

Umschlag: Klaus Viehmann, Berlin
Satz: UNRAST-Verlag, Münster
Druck: Interpress, Budapest

Inhalt

Vorwort

Die hier versammelten Aufsätze erschienen zwischen 2001 und 2009 in verschiedenen Foren in den USA, Deutschland, Schweden und auf den Philippinen. Gemeinsam ist ihnen die Auseinandersetzung mit jüngeren Entwicklungen und Strömungen des Anarchismus, vor allem in inter- bzw. transnationalen Zusammenhängen. Viele Texte berühren dabei Themen, die in der im vergangenen Jahr bei Unrast erschienenen Anthologie *›Neuer Anarchismus‹ in den USA. Seattle und die Folgen* behandelt wurden, etwa das Phänomen des »Neuen Anarchismus«, das CrimethInc.-Projekt, die Aktionsformen des Schwarzen Blocks, Anarcho-Primitivismus oder Postanarchismus. Beiden Büchern liegt die Absicht zugrunde, Beiträge zu lebendigen und vielfältigen anarchistischen Diskussionen zu leisten. Der Anarchismus hat in den letzten Jahren enorm an Aufwind gewonnen. Die Chancen, die dies bietet, sollten wahrgenommen werden. Undogmatische und solidarische Debatten sind dazu unerlässlich.

Zu den Texten im Einzelnen:

1. »Bakunin vs. Postanarchismus« ist eine ausführliche Darstellung der englischsprachigen Postanarchismus-Debatte. Der Bakunin-Bezug erklärt sich dadurch, dass der Aufsatz ursprünglich für den 2007 im Kramer-Verlag erschienenen *Bakunin Almanach* verfasst wurde. Wolfgang Eckhardt, Mitherausgeber des Almanach, ist für vorbildliche redaktionelle Betreuung und zahlreiche wertvolle Hinweise – vor allem zum Werk Bakunins – zu danken. Der stellenweise polemische Ton des Textes muss im Kontext der englischsprachigen Debatte verstanden werden.
2. »Anarchismus, Postmoderne und Poststrukturalismus« wurde ursprünglich als »Anarchism, Postmodernity and Poststructuralism« in dem Anfang 2009 bei Routledge erschienenen *Contemporary Anarchist Studies* Reader veröffentlicht. Der Text beinhaltet einige ergänzende Informationen zu »Bakunin vs. Postanarchismus«.
3. »Neuer Anarchismus« ist eine 2003 bei Alpine Anarchist Productions (Heft 19) als »New Anarchism« erschienene Auseinandersetzung mit dem Wiedererstarken der anarchistischen Bewegung in den USA in Folge der Anti-WTO-Proteste in Seattle 1999. Der Text widmet sich vor allem den ahistorischen, anti-linken und Lifestyle-Dimensionen des sogenannten Neuen Anarchismus.

4. »Militanz und Schwarze Blöcke« erschien bei Alpine Anarchist Productions (Heft 7) 2001 unter dem Titel »Militancy Beyond Black Blocs«. Der Aufsatz setzt sich mit der weit reichenden Debatte zum Schwarzen Block als (anarchistischer) Aktionsform auseinander, zu der es in Nordamerika im Anschluss an die Seattle-Proteste kam. Im deutschsprachigen Raum, in dem Auseinandersetzungen mit dem Schwarzen Block eine viel längere Geschichte haben, mag einiges des darin Formulierten als selbstverständlich erscheinen. Trotzdem kann die in dem Text präsentierte »solidarische Kritik« vielleicht dabei helfen, Diskussionen zum Thema jenseits streng ideologischer Grabenkämpfe zwischen »Militanten« und »PazifistInnen« zu führen.
5. »Anarchismus in den Philippinen und transnationale Politik« wurde ursprünglich als »Anarchism in the Philippines and Transnationalism« in der philippinischen Zeitschrift *Gasera* (#1, 2009) veröffentlicht. Der Aufsatz beschäftigt sich vor allem mit den internationalen Dimensionen der anarchistischen Bewegung und versucht, Denkansätze zu einer solidarischen transnationalen Politik zu skizzieren, die globalen ökonomischen Ungerechtigkeiten zu trotzen vermag.
6. »Akratie oder Anarchie? Zur Politik von Herrschaftsfreiheit« erschien als Gespräch mit Claudia von Werlhof in der Graswurzelrevolution #335 (Januar 2009). Die darin von Claudia von Werlhof formulierten Gedanken zu bestimmten Charakteristika und Erscheinungsformen der anarchistischen Bewegung sollen im Kontext dieses Bandes notwendiger selbstkritischer Reflexion dienen. Claudia von Werlhof ist Professorin für Politikwissenschaft und Frauenforschung an der Universität Innsbruck und seit langem in feministischen und antikapitalistischen Bewegungen aktiv.
7. »Was sind Ex-ArbeiterInnen« ist ein Gespräch mit einem »Agenten« des US-anarchistischen CrimethInc.-Kollektivs. CrimethInc. bezeichnet sich auch als »Ex-ArbeiterInnen-Kollektiv« und hat »Arbeitsverweigerung« bzw. »militante Arbeitslosigkeit« mehrfach zu einem Kernstück ihrer politischen Praxis erklärt. Das Gespräch erschien unter dem Titel »Agenterna som slutade löneslava« in der schwedischen Zeitschrift *Brand* in einer Nummer zum Thema »Arbeit« (#3, 2008). Die englische Version war lange Zeit als »Featured Interview« über die CrimethInc.-Homepage (*www.crimethinc.com*) abrufbar und ist mittlerweile in der »Reading Library« der Website archiviert.
8. »›Rewilding‹ or ›Regressing‹? Zum US-amerikanischen (Anarcho-)Primitivismus« ist eine kritische Auseinandersetzung mit einer der umstrittensten Strömungen des zeitgenössischen Anarchismus. Der Text erschien Anfang 2009 für die »Regress«-Nummer von *testcard* (#18).

9. »Anarchistische Visionen« erschien ursprünglich als »Visioner som förenar« in *Brand* #2, 2008, einer Nummer zum Thema »Visionen«. Der Text plädiert dafür, über die Betonung gemeinsamer Ideale, Spaltungen innerhalb der anarchistischen Bewegung – vor allem zwischen »Individual/Lifestyle-AnarchistInnen« und »SozialanarchistInnen« – vorzubeugen. Es werden dabei vor allem Anleihen bei anarchafeministischer Theorie genommen.

10. »Anarchismus im 21. Jahrhundert? Herausforderungen, Möglichkeiten, Perspektiven« wurde als Vortrag auf dem Anarchie-Kongress in Berlin 2009 präsentiert. Der Text versucht zunächst, einige der wesentlichen Probleme zu umreißen, denen sich die gegenwärtige anarchistische Bewegung gegenübersieht, um danach Deutungsformen und Umgangsweisen mit diesen anzubieten, die uns zuversichtlich und kämpferisch in die Zukunft schreiten lassen.

Die hier versammelten Texte wurden mit der Hoffnung ausgewählt, dass jeder einzelne einen Beitrag zu dem Buch zu leisten hat und sie sich inhaltlich ergänzen. Nachdem die Texte ursprünglich unabhängig voneinander verfasst wurden, sind gelegentliche Wiederholungen unvermeidlich. Ich bitte dafür um Verständnis. Die auf Deutsch erstveröffentlichten Texte wurden mit Ausnahme formatbedingter Anpassungen und einiger orthographischer Korrekturen unverändert abgedruckt.

Bakunin vs. Postanarchismus

1. Postanarchismus

Was ist Postanarchismus?

In den letzten Jahren hat sich im Kontext anarchistischer Theorie im angloamerikanischen Raum die Bewegung des so genannten »Postanarchismus« einen Namen gemacht. Vielen gilt sie als innovativste theoretische Schule des gegenwärtigen Anarchismus. Dieser Aufsatz wird sich mit der postanarchistischen Bewegung auseinandersetzen und im Speziellen mit ihrer Rezeption Michael Bakunins.
Die Prämisse des Textes mag dabei seltsam anmuten: Mein eigenes Verständnis anarchistischen Denkens ist wesentlich von poststrukturalistischer Theorie beeinflusst (die – wie wir gleich sehen werden – eine wesentliche Rolle für den Postanarchismus spielt).[1] Gleichzeitig halte ich wenig vom Label des »Postanarchismus« und teile dessen Kritik an Bakunin nicht. Die nächsten Seiten sollen zeigen warum.
Geprägt wurde der Begriff des Postanarchismus vom australischen Theoretiker Saul Newman in seinem 2001 erschienenen Buch *From Bakunin to Lacan*.[2] Newman beschreibt die »Politik des Postanarchismus« darin zunächst als Unternehmen, »die Möglichkeit politischen Widerstands ohne essentialistische Garantien zu theoretisieren« (siehe zur Begrifflichkeit unten).[3] In einem späteren Interview wird er etwas genauer: »Der Postanarchismus ist eine politische Logik, die versucht, die egalitären und progressiven Aspekte des klassischen Anarchismus mit der Einsicht zu vereinen, dass radikale politische Kämpfe heute kontingent und pluralistisch sind, dass sie sich verschiedenen Identitäten und Perspektiven gegenüber offen zeigen und dass sie darüber hinaus verschiedene Fragen angehen – nicht nur ökonomische.«[4]

1 Vgl. Gabriel Kuhn, *Tier-Werden, Schwarz-Werden, Frau-Werden. Eine Einführung in die politische Philosophie des Poststrukturalismus*, Münster 2005.

2 Saul Newman, *From Bakunin to Lacan. Anti-Authoritarianism and the Dislocation of Power*, Lanham/Boulder/New York/Oxford 2001.

3 Newman, *From Bakunin to Lacan*, a.a.O., S. 157. – Alle Übersetzungen GK.

4 Newman, Interview mit *Siyahi Interlocal*, community.livejournal.com/siyahi/.

Als Vorläufer von Newmans Arbeit gilt Todd Mays 1994 erschienene Studie *The Political Philosophy of Poststructuralist Anarchism.*[5] Newman selbst nannte dieses Buch »bahnbrechend«.[6] Der Begriff des Postanarchismus kommt bei May freilich nicht vor und er hat sich die Bezeichnung auch nicht angeeignet, als sie hoffähig wurde. Tatsächlich ist Mays Ansatz, Anarchismus und Poststrukturalismus zusammenzudenken, ein grundsätzlich anderer als der Newmans. Wir werden darauf noch zurückkommen.

Die Diskussion wurde 2002 um Lewis Calls *Postmodern Anarchism* bereichert.[7] Auch Call bezeichnet sich selbst nicht als Postanarchist und sein Buch erreichte auch nicht den Einfluss von *From Bakunin to Lacan.* Trotzdem gilt *Postmodern Anarchism* als Referenzpunkt in der jungen Geschichte des Postanarchismus und wir werden es hier in Betracht ziehen.

Explizit aufgegriffen wird der Begriff des Postanarchismus schließlich wieder von Richard Day in seinem 2005 erschienenen Buch *Gramsci Is Dead.*[8] Dieses erfährt eine ziemlich breite Rezeption in der Welt progressiver angloamerikanischer Theorie.

Ein letzte Bemerkung zur Begriffsgeschichte: Es lässt sich dieser Tage immer wieder die Behauptung finden, dass in dem 1991 von Hakim Bey publizierten Buch *T.A.Z.* ein vier Jahre früher verfasster Aufsatz zum Postanarchismus enthalten gewesen sei.[9] Doch ist dies irreführend. Alles, was sich diesbezüglich bei Bey findet, ist eine

---

5 Todd May, *The Political Philosophy of Poststructural Anarchism.* University Park, Pennsylvania 1994. Zu den für die Entwicklung dessen, was heute als Postanarchismus gilt, wichtigsten Aufsätzen zählen Todd Mays früher Text »Is Post-Structuralist Political Theory Anarchist?« (in: *Philosophy and Social Criticism*, Vol. 15, Nr. 2, 1989, S. 167-182.) und Andrew Kochs »Poststructuralism and the Epistemological Basis of Anarchism« (in: *Philosophy of the Social Sciences*, Vol. 23, Nr. 3, 1993, S. 327-351). Ich halte den letztgenannten Aufsatz für einen der theoretisch interessantesten Beiträge im Umfeld des Postanarchismus (Koch selbst verwendet diesen Begriff nicht) – im Speziellen, was die Sichtweise der Verbindung von Anarchismus und Poststrukturalismus anlangt, die Ideen zu poststrukturalistischer Ethik, die Forderung nach einer »nicht-ontologischen Individualitätskonzeption« (ebd., S. 342) und die Gedanken zur »Epistemologie des Anarchismus«. Da der Text jedoch nicht den Einfluss erreichte, der den hier besprochenen Büchern zukommt, werde ich nicht im Detail auf ihn eingehen können. Schließlich versteht sich dieser Aufsatz auch als eine Art Einführung in den Postanarchismus und muss seine Referenzpunkte dementsprechend wählen.

6 Newman, *From Bakunin to Lacan*, a.a.O., S. 7; auch: Interview mit *Siyahi Interlocal*, a.a.O.

7 Lewis Call, *Postmodern Anarchism*, Lanham/Boulder/New York/Oxford 2002.

8 Richard J.F. Day, *Gramsci Is Dead. Anarchist Currents in the Newest Social Movements*, London/Ann Arbor/Toronto 2005.

9 Hakim Bey, *T.A.Z., The Temporary Autonomous Zone, Ontological Anarchy, Poetic Terrorism*, New York 1991 [dt. *T.A.Z., Die Temporäre Autonome Zone*, Berlin 1994].

Kapitelüberschrift, die lautet: »Post-Anarchism Anarchy«, also soviel wie: »Anarchie nach dem Anarchismus«. Dies unterscheidet sich wesentlich von einem »Postanarchismus« bzw.: Bey ging es gerade um eine Kritik an dem -ismus, der in Letzterem reproduziert wird.[10] Wenn wir dies übersehen, können wir gleich schon Gustav Landauer zum Ahnherrn des Postanarchismus machen. Schließlich schrieb auch er einen Aufsatz mit dem Titel »Anarchische Gedanken zum Anarchismus«. Der erschien 1901.

Ich werde zunächst die zentralen Ideen des Postanarchismus entlang der oben erwähnten Bücher zu erklären versuchen, um die Bewegung anschließend in einem zeitgeschichtlichen Kontext zu betrachten. Der zweite Teil des Aufsatzes soll sich dann auf die Kritik des Postanarchismus an Bakunin konzentrieren bzw. eine Gegenkritik formulieren.

Todd May, *The Political Philosophy of Poststructuralist Anarchism* (1994)

Der Inhalt von Mays Buch sieht im Zeitraffer so aus: Zunächst wird der Marxismus verabschiedet und ihm der Anarchismus als besser (weil: antiautoritärer) gegenübergestellt. Daraufhin wird jedoch auch dieser in seiner »klassischen« Form als veraltet diagnostiziert und mithilfe des Poststrukturalismus aufgepäppelt. Und schließlich wird der Poststrukturalismus noch mit einer ethischen Grundlage ausgestattet, die ihm angeblich fehlt, die aber für die Möglichkeit politischen Widerstands notwendig scheint.

Wichtig im Unterschied zu Newmans Buch ist, dass May nicht meint, zwei auseinander strebende theoretische Strömungen zueinander zu führen. Er sieht den Poststrukturalismus von Anfang an als »einen zeitgenössischen Ausdruck des Anarchismus«.[11] Allerdings spricht auch May von einem »neuen Anarchismus«[12]. Dies scheint insofern eine unglückliche Bezeichnung zu sein, als dass sie einen epochalen

---

10 Und wenn Leute wie der ambitionierte Internet-Verfechter des Postanarchismus Jason Adams schreiben, dass »Postanarchismus kein -ismus wie jeder andere« sei (info.interactivist.net/article.pl?sid= 03/11/11/1642242), so tut das, meine ich, wenig mehr, als jene Vorstellungen zu fördern, die im Poststrukturalismus nichts als irritierende Sophisterei sehen.

11 May, »Is Post-Structuralist Political Theory Anarchist?«, a.a.O., S.168. Etwas genauer: »Die theoretische Basis des Anarchismus wird am präzisesten von den politischen DenkerInnen des Poststrukturalismus artikuliert, während die anarchistische Bewegung dem Poststrukturalismus Bedeutung verleiht und mit dem Vorurteil aufräumt, er sei nichts als ein Wirrwarr unzusammenhängender Analysen« (ebd., S. 178).

12 May, *The Political Philosophy of Poststructuralist Anarchism*, a.a.O., S. 85.

Sprung suggeriert, der so (wie wir noch sehen werden) nicht stattgefunden hat.
Bakunin nimmt in Mays Buch die Rolle des Hauptvertreters des »klassischen Anarchismus« ein, der als überholt betrachtet wird. (Peter Kropotkin ist neben Bakunin der einzige Autor, auf den sich May in seiner Darstellung des »klassischen Anarchismus« bei Gelegenheit bezieht.) Dafür werden vor allem zwei Gründe angegeben: Bakunin ist erstens in der »Repressionsthese« der Macht gefangen (die der Komplexität gesellschaftlicher Machtstrukturen nicht gerecht werden kann) und zweitens dem »Humanismus des 19. Jahrhunderts« verpflichtet, der auch als »Naturalismus« und »Essentialismus« identifiziert wird[13]. Dies zeitigt wiederum drei Grundannahmen des »klassischen Anarchismus«, die May zufolge nicht aufrechtzuerhalten sind: die Voraussetzung eines »menschliches Wesen« (1); die Definition desselben als »gut« (2); und die Reduktion des Feindes auf die »böse« Autorität/Macht/Staatsordnung (3).
Die erste Grundannahme ist für May aus poststrukturalistischer Sicht ebenso unzulässig (es gibt keine menschliche Natur) wie gefährlich (die Vorstellung einer menschlichen Natur schafft abstrakte herrschaftliche Identitäten, denen wir als Einzelne unterworfen werden). Die Annahmen (2) und (3) implizieren eine politische Naivität, die differenzierte Machtanalysen verunmöglicht und damit nicht zu wirkungsvollem revolutionären Handeln führen kann. Schlussendlich ist der »klassische Anarchismus« ein Ausdruck dessen, was May »strategisches Denken« nennt: ein Denken, das universalen Theorievorstellungen und -ansprüchen verhaftet bleibt. Poststrukturalistische Theorie (die wiederum beinahe ausschließlichen Bezugspunkte Mays sind hier Foucault, Deleuze und Lyotard) ist hingegen von einem »taktischen Denken« gekennzeichnet, das sich auf spezifische und konkrete Analysen konzentriert, ohne allgemeinere Ansprüche zu erheben. Uns zu lehren, Anarchismus »taktisch« zu denken, könnte als die Absicht von Mays *The Political Philosophy of Poststructuralist Anarchism* bezeichnet werden.
Mays Buch ist gut, doch es reißt nicht unbedingt mit. Seine Darstellungen der Theorien Foucaults, Deleuzes und Lyotards sind zweifelsohne zugänglich und adäquat, doch »passiert« letztlich zwischen den Seiten nicht viel. Wohl unter anderem auch deshalb, da Mays Buch formal braven US-akademischen Mustern folgt – nicht unbe-

---

13 »Der Anarchismus ist von einer Art Essentialismus oder Naturalismus durchzogen, der die Grundlage seines Denkens bildet« (ebd, S. 63).

dingt das bewährteste Mittel, Theorie spannend zu präsentieren. (Newman wird das gleiche Problem haben.) Am Ende entsteht der Eindruck, als hätte uns May poststrukturalistisches Denken erklärt und dieses als anarchistisch identifiziert.[14] Das mag uns freuen, doch bringt es uns theoretisch nicht unbedingt weiter – zumindest nicht mehr, als es poststrukturalistische AutorInnen in den 70er Jahren bereits selbst getan haben.[15] Gleichzeitig muss May zugestanden werden, dass es ihm gelungen ist, die Relevanz poststrukturalistischen Denkens für anarchistische Politik aufzuzeigen. Ich sehe hierin seinen größten Verdienst. Dass dabei seine Darstellung dessen, was er als »klassischen Anarchismus« bezeichnet, allzu vereinfachend ausfällt, wird im zweiten Teil des Aufsatzes besprochen werden.

Saul Newman, *From Bakunin to Lacan* (2001)

Newmans Buch ist um einiges ambitionierter als Mays. Newman beschränkt sich nicht darauf, die anarchistischen Dimensionen des Poststrukturalismus herauszuarbeiten und darüber gegenwärtige anarchistische Theorie beleben zu wollen. Newman meint, eine neue theoretische (und politische) Schule zu begründen: den »Postanarchismus«. Dieser ist Newman zufolge »ganz klar ein Anarchismus einer anderen Art, einer, dem seine ontologischen Fundierungen im Humanismus und in der Aufklärung genommen wurden«.[16]

Es geht Newman darum, ein »für unsere Zeit relevantes antiautoritäres Denken zu entwickeln«.[17] Dabei arbeitet er sich – auf durchaus originelle Weise, sicher der stärkste Aspekt des Buches – Schritt für Schritt an verschiedenen Denkern (ja, es sind nur Männer) entlang, um – wie der Titel suggeriert – von Bakunin zu Lacan zu gelangen. Die Reise lässt sich in etwa so beschreiben:

Wie bei May wird zunächst der Marxismus verabschiedet, dann diesem der »klassische Anarchismus« gegenübergestellt (auch hier sind es letztlich wieder ausschließlich Bakunin und Kropotkin, die zu

---

14 Er selbst sagt, dass »die Perspektive, die ich hier entwickle, dem Poststrukturalismus um vieles näher ist« (Interview mit *Siyahi Interlocal*, community.livejournal.com/siyahi/).

15 May würde wohl auch einräumen, dass die Ethik, die er für den Poststrukturalismus mithilfe anarchistischer Werte und Ideale zu entwerfen versucht, eine theoretische Innovation darstellt. Ich meine jedoch, dass dieser Versuch sowohl unter schlechten Voraussetzungen begonnen wird (da ich nicht glaube, dass dem Poststrukturalismus wirklich eine Ethik fehlt – siehe auch Fußnote 133) als auch unbefriedigend ausgeführt bleibt (der Versuch scheint mir sehr abstrakt und Vorstellungen einer lebenspraktisch relevanten Ethik wenig zuträglich).

16 Newman, Interview mit *Siyahi Interlocal*, a.a.O.

17 Newman, *From Bakunin to Lacan*, a.a.O., S. 6.

dessen Darstellung herangezogen werden), dann dieser selbst kritisiert. Die Argumente gleichen zunächst denen Mays: der »klassische Anarchismus« beruhe »auf der Vorstellung eines menschlichen Wesens«[18] und ist »der radikalste Ausdruck des Humanismus«[19], der »die verborgenen Machtbeziehungen und potentiellen Autoritarismen in seinen essentialistischen Identitäten« nicht erkannt hat[20]; stattdessen geht er von einem »unbefleckten Widerstandspunkt«[21] und einer »manichäischen Logik«[22] zwischen (gutem) Menschen und (böser) Macht aus. Dann wird Newman in seiner Kritik allerdings schärfer als May: Er schreckt nicht davor zurück, von den »autoritären Tendenzen« des »klassischen Anarchismus« zu sprechen[23], davon, dass »revolutionäre Theorie, die sich auf ein menschliches Wesen verlässt, nicht nur fragwürdig, sondern auch unweigerlich gefährlich« ist[24], ja sogar davon, dass »eine Revolution nach dem Bild der Anarchisten womöglich nur zu einer Herrschaft führen würde, die noch grausamer ist als diejenige, die sie ersetzt«.[25] Newman geht es demnach in seinen eigenen Worten darum, »die anarchistischen Diskurse der Moral und Rationalität von ihrer Fundierung in einer essentiellen Identität zu befreien«.[26]

Trotz der schärferen Rhetorik Newmans sind er und May sich in den folgenden Punkten einig: Der Marxismus ist überholt, aber auch der Anarchismus ist ihm nur *potentiell* überlegen – nur wenn, wie Newman sagt, sein »ethisches ›Herz‹ aus der Verankerung im 19. Jahrhundert gerettet werden kann«[27], kann er für uns von politischer Relevanz sein. Die Rettung muss dabei vom Poststrukturalismus kommen. Doch wohnt diesem selbst ein Problem inne: er kennt keine befriedigenden Konzeptionen von Ethik und Widerstand. Und hier scheiden sich die Wege Mays und Newmans: Während sich May der Suche nach den Möglichkeiten der Ethik widmet und bei der analytischen Moralphilosophie landet, entscheidet sich Newman für

---

18 ebd., S. 8.

19 ebd., S. 62.

20 Saul Newman, »The Politics of Postanarchism«, www.anarchist-studies.org/article/articleprint/1/-1/1/.

21 vgl. z.B. Newman, *From Bakunin to Lacan*, a.a.O., S. 5.

22 ebd.

23 ebd., S. 166.

24 ebd., S. 64.

25 ebd., S. 5.

26 ebd., S. 166.

27 ebd.

die Suche nach den Möglichkeiten des Widerstands und landet bei Lacan. Der Weg, auf dem Newman dorthin gelangt, sieht in etwa so aus:
Seine erste Trumpfkarte ist es, Max Stirner ins Spiel zu bringen. Newman feiert diesen als einen »antiautoritären Denker *par excellence*«[28], den »wie poststrukturalistische DenkerInnen über hundert Jahre später« der Essentialismus »tief beunruhigt«[29]. Stirner ist für Newman das »Bindeglied ... zwischen der Politik des klassischen Anarchismus und der Politik des Poststrukturalismus«[30], und er meint, dass Stirners »Zurückweisung des Essentialismus dem klassischem Anarchismus einen ungeheuren Schlag versetzt hat«[31]. (Der »Essentialismus« ist im Übrigen das Steckenpferd Newmans Buches: nicht nur ist es so, dass der »klassische Anarchismus« auf der Vorstellung einer »menschlichen *Essenz*« aufbaut[32] oder den Staat als »*essentiell* böse« und die Gesellschaft als »*essentiell* gut« begreift[33], sondern dass er auch »*essentiell* zwischen Macht und Gesellschaft trennt«[34], von einem »*essentiellen* Ort« aus argumentiert[35] oder seine »revolutionäre Identität« über einen »*essentiellen* Widerstand« konstituiert[36]. Newman meint: »Das einschlägigste Problem ... ist das Problem des Essentialismus.«[37] Wer hätte das gedacht?)
Zu den wichtigsten Erkenntnissen Stirners gehört, laut Newman, dass er gezeigt habe, dass es »kein Außen« der Macht gibt und dass »der Widerstand sich innerhalb der Macht ereignen muss«.[38] Um dieses Verhältnis von Macht und Widerstand weiter zu untersuchen, widmet sich Newman in Folge Foucault, doch fällt auch dieser mit seiner angeblichen Theorie einer »*essentiellen* Äußerlichkeit«[39] »in die essentialistische Falle«[40]. Danach dürfen sich Deleuze und

---

28 ebd., S. 57.
29 ebd., S. 55.
30 ebd., S. 9.
31 ebd., S. 64.
32 ebd., S. 8 – Hervorhebung GK.
33 ebd., S. 28 – Hervorhebung GK.
34 ebd., S. 12 – Hervorhebung GK.
35 ebd., S. 46 – Hervorhebung GK.
36 ebd., S. 48 – Hervorhebung GK.
37 ebd., S. 147.
38 ebd., S. 9.
39 ebd. – Hervorhebung GK.
40 ebd., S. 89.

Guattari an die Suche nach dem »Ort des Widerstands« wagen, doch auch sie – wen überrascht es noch? – »fallen zurück in die Sprache des Essentialismus«[41], da ihr Konzept des Wunsches »essentialistische Konnotationen« hat[42]. Als nächster ist Derrida an der Reihe, dem Newman wenigstens zugute hält, ein »nicht-essentialistisches Außen« andenken zu können[43], aber auch wenn Derrida »entscheidend in diese Richtung vorzudringen vermag ... er geht nicht weit genug.«[44] Schließlich kommt kein geringerer als Jacques Lacan zur Rettung. In dessen Subjektstheorie findet Newman endlich das »nicht-essentialistische Außen«, das er für unsere Widerstandsmöglichkeiten als notwendig erachtet.

So weit, so gut. Das Problem ist nur, dass – bei aller Originalität – Newmans Buch voll von Ungereimtheiten und Mängeln ist. Dies zeigt sich auf vielen Ebenen. Terminologisch wird beispielsweise nie wirklich geklärt, was Newman mit Essentialismus überhaupt meint (außer wir akzeptieren eine vage Wörterbuchdefinition als Erklärung wie: »Essentialismus ist die Vorstellung, dass hinter den Erscheinungen eine wahre Identität oder ein wahrer Charakter liegt«[45]), und schon gar nicht wird darauf eingegangen, dass der Begriff des Essentialismus bereits in den 80er Jahren eine Reihe kritischer Analysen (auch innerhalb des poststrukturalistischen Lagers[46]) erfahren hat. Theoretisch ließe sich fragen, wieso zunächst über unzählige Seiten der Humanismus verdammt wird, um sich schlussendlich auf Laclau zu beziehen, der meint, dass »die Menschheit ... sich nun, an der Schwelle zur Postmoderne, zum ersten Mal als den Schöpfer und Konstrukteur seiner eigenen Geschichte sehen darf«.[47] Historisch scheint die Aussage, dass »Stirner Nietzsche ganz klar beeinflusst hat«[48], höchst gewagt. Und politisch verwundert es, wie es zum Abschluss der Eroberungen angeblich neuer theoretischer Gefilde zu solch platten (und in ihrer Dichotomisierung falsch gestellten) Fragen kommen kann wie: »Soll die Gleichheit auf Kosten der

---

40 ebd., S. 89.

41 ebd., S. 9.

42 ebd., S. 109.

43 ebd., S. 131.

44 ebd., S. 132.

45 ebd., S. 13.

46 Vgl. etwa die Konzepte des »strategischen Essentialismus« bei Gayatri Spivak oder Stuart Hall, oder des »Common-Sense-Essentialismus« bei Houston A. Baker.

47 ebd., S. 165.

48 Interview mit *Siyahi Interlocal*, a.a.O.

Freiheit gestärkt, oder die Freiheit ... auf Kosten der Gleichheit verteidigt werden?«[49] – Die Liste ließe sich lange fortsetzen. (Auch Newmans Voraussetzungen verwundern oft genug. Wenn er zum Beispiel meint, dass Foucault »sagen würde, dass die marxistischen und anarchistischen Machtkonzeptionen zwei Seiten derselben Münze sind«[50], dann stellt sich die berechtigte Frage, warum er das nie getan hat?)
Abgesehen davon, dass Mays Buch inhaltlich weit weniger Anstoß zu Ärgernis gibt, liegt der vielleicht größte Unterschied zwischen den beiden Büchern in Newtons bereits erwähnter Überzeugung, eine Theorie zu kreieren, die so neu ist, dass sie mit dem »Postanarchismus« einen entsprechenden Namen verdient. Um diesem Anspruch Glaubwürdigkeit zu verleihen, wird es Newman gewissermaßen notwendig, uns davon zu überzeugen, dass wir es hier mit zwei an sich grundlegend verschiedenen Theoriengebäuden zu tun haben. So meint er, dass Anarchismus und Poststrukturalismus »auf den ersten Blick wenig gemein hätten«[51], merkt an, dass sie »auf unterschiedliche Weisen und in unterschiedlichen Bereichen funktionieren«[52], und spricht schließlich sogar von dem »Konflikt« und den »Spannungen« zwischen »diesen *beiden* politischen Traditionen«[53], sowie davon, dass sie »gegeneinander gewandt werden können«[54] (was kann das nicht?). In diesem Sinne sieht Newman seine Arbeit »nicht wirklich als Vergleich zwischen Anarchismus und Poststrukturalismus, sondern eher als eine Vereinigung bestimmter widersprüchlicher Ideen«.[55] Es geht ihm nach eigener Aussage darum, »einen Graben zu überbrücken«.[56]
Dies macht, um ehrlich zu sein, wenig Sinn für mich. Newman vereinfacht in diesen Beschreibungen sowohl den Anarchismus (als kurzlebige politische Bewegung des 19. Jahrhunderts, die »sehr

49 Newman, *From Bakunin to Lacan*, S. a.a.O., 168.

50 ebd., S. 77.

51 ebd., S. 6.

52 ebd., S. 158.

53 ebd., S. 157. – Hervorhebung GK.

54 ebd., S. 158.

55 Widersprüche liegen hier eher in Newmans Sichtweise. In seinem Interview mit *Siyahi Interlocal* meint er beispielsweise: »Der Impetus für diese postanarchistische Intervention kam von meinem Verständnis, dass nicht nur anarchistische Theorie *in nuce* poststrukturalistisch ist – sondern dass auch der Poststrukturalismus *in nuce* anarchistisch ist« (a.a.O.). Oder an anderer Stelle: »Der Poststrukturalismus ist, ... zumindest was seine politische Orientierung anlangt, grundlegend anarchistisch« (Newman, »The Politics of Postanarchism«).

56 Newman, *From Bakunin to Lacan*, S. 158.

wenig mit unserer Zeit zu tun zu hat«[57]) als auch den Poststrukturalismus (als ein Theoriengebäude ohne transformatorische Kraft mit »ethischen Schwächen«[58] und »Unklarheiten im Erklären politischen Handelns und Widerstands«[59]). Während ich dem »poststrukturalistischen Anarchismus« Mays terminologisch noch eine Bedeutung abgewinnen kann, erscheint mir der »Postanarchismus« in dieser Hinsicht beinahe als Parodie.[60]

Bakunin ergeht es in *From Bakunin to Lacan* nicht anders als in Mays Buch. Seine durchaus differenzierten Überlegungen zu den psychologischen Dimensionen von Herrschaft und Widerstand werden reduziert auf eine (natürlich) »*essentielle* Antithese zwischen dem reinen, unbefleckten Ort des Widerstands ... und dem Ort der Macht«[61], sein durchaus komplexes Menschenbild darauf, dass »nach Bakunin Naturgesetze die menschliche Natur bestimmen«[62], und seine politische Visionen auf ein »gesellschaftliches *Harmoniemodell*«[63]. Wie angekündigt, sollen diese reduktionistischen Darstellungen im zweiten Teil des Aufsatzes kritisch betrachtet werden.

Lewis Call, *Postmodern Anarchism* (2002)

Calls Buch beginnt mit der von May und Newton gewohnten Kritik: der »klassische Anarchismus« (von Call wahlweise auch »konventioneller Anarchismus« oder »orthodoxer Anarchismus« genannt) gehe von »einer Art authentischem menschlichen Wesen« aus[64], »führt die Revolution unter der Fahne des einheitlichen menschlichen Subjekts«[65], ist »eine humanistische politische Philosophie«[66], »übersieht die ... Machtstrukturen außerhalb der Fabrik und der

---

57 ebd., S. 6.

58 Newman, »The Politics of Postanarchism«, a.a.O.

59 ebd.

60 Eine Aussage wie die folgende macht schlicht wenig Sinn für mich: »Deleuze und Guattari gehen in ihrer Analyse über den Anarchismus hinaus, indem sie die Weise analysieren, auf die der Staat das Denken – im Speziellen das rationale Denken – durchstoßen und ›kodiert‹ hat« (Newman, *From Bakunin to Lacan*, a.a.O., S. 99). Dass Deleuze und Guattari die Herrschaftsmechanismen des Staates differenzierter analysieren als das manche AnarchistInnen des 19. Jahrhunderts getan haben, mag ja stimmen. Aber warum geht das »über den Anarchismus hinaus«? Ich denke, es bereichert ihn einfach.

61 Newton, *From Bakunin to Lacan*, a.a.O., S. 47 – Hervorhebung GK.

62 ebd., S. 38.

63 ebd., S. 43.

64 Call, *Postmodern Anarchism*, a.a.O., S. 14.

65 ebd., S. 15.

66 ebd.

Regierungsinstitutionen«[67], »wird verfolgt von einer rationalistischen Semiotik«[68] und ist »für LeserInnen des späten 20. Jahrhunderts ... unzugänglich«.[69] Calls Vorwürfe gipfeln in der Behauptung, dass die »Ontologie und Epistemologie« dieses »humanistischen Anarchismus« »kaum von denen der bürgerlichen politischen Ökonomie zu unterscheiden sind«.[70] Auch in der Reduktion des »klassischen Anarchismus« auf die Figuren Bakunins und Kropotkins (und ihre – zumindest vermeintlichen – Positionen) tut Call es seinen Vorgängern gleich.
Worin sich *Postmodern Anarchism* von seinen Vorgängern unterscheidet, liegt in der Auswahl der poststrukturalistischen (bzw. hier »postmodernen« – siehe zur Begrifflichkeit unten) Bezugspunkte. Für Call sind diese zunächst vor allem Nietzsche (der »am Anfang der subversiven Idee des ... postmodernen Anarchismus« steht[71] und Wegbereiter einer »Anarchie des Subjekts« sowie einer später von Deleuze weiter ausgearbeiteten »Anarchie des Werdens« ist[72]), dann (wie bei May und Newman) Foucault, im Anschluss daran Baudrillard (dessen »Theorie des Symbolischen« uns hilft, über Foucault, der »im Realen gefangen bleibt«[73], hinauszugehen[74]), und zu guter Letzt die Science-Fiction- bzw. Cyberpunk-Autoren William Gibson und Bruce Sterling (ein durchaus ehrenhafter Versuch Calls, die postanarchistische Diskussion über den akademischen Rahmen hinaus zu führen – eine Absicht, die bereits ein Kapitel früher deutlich wird, wenn er den Pariser Mai 1968 als »Geburt einer postmodernen anarchistischen Praxis« analysiert[75]).
Das »Postmoderne« im Titel des Buches ist nicht willkürlich. In seiner Wahl des Begriffs folgt Call der mittlerweile recht weitgehend akzeptierten Trennung zwischen einer »poststrukturalistischen Theorie« und »postmodernen gesellschaftlichen Verhältnissen« (Call nennt den Poststrukturalismus demgemäß »*eine* Form postmodernen

---

67 ebd., S. 16.

68 ebd.

69 ebd., S. 117.

70 ebd., S. 15.

71 ebd., S. 55.

72 vgl. ebd., S. 50f.

73 ebd., S. 84.

74 Calls Auseinandersetzung mit Baudrillard ist insofern originell, als dass Baudrillard weder bei May noch Newman noch später bei Day viel Aufmerksamkeit zukommt. Call meint hingegen, dass »ohne Baudrillard der postmoderne Anarchismus gut und gerne nur ein isoliertes Kapitel in der Geschichte genealogischen Denkens geblieben wäre« (ebd., S. 92).

75 ebd., S. 99ff.

Denkens«[76]). Es geht also im »postmodernen Anarchismus« eher darum, einen der postmodernen Gesellschaft angemessenen Anarchismus zu fördern (Call meint, der Anarchismus sei »eine politische Philosophie, die perfekt auf die postmoderne Welt zu passen scheint«[77]) als eine neue Form des Anarchismus zu behaupten.[78] Call schreibt ausdrücklich: »Lasst mich betonen, dass der postmoderne Anarchismus nur *einen* Zweig des gegenwärtigen Anarchismus repräsentiert ... Ich möchte der Versuchung widerstehen, ein monolithisches Bild des gegenwärtigen Anarchismus zu schaffen – zumal ein solches dem Geist des Anarchismus selbst widersprechen würde.«[79]

Bringt Call uns theoretisch um vieles weiter? Nicht wirklich. Die stärksten Aspekte des Buches liegen sicherlich in der originellen Einführung Baudrillards und vor allem des Cyberpunks – aber das war es dann wohl auch. Erinnerungen wie jene, dass »der klassische Anarchismus sich ausschließlich auf Staat und Kapital konzentrierte«, während es heute um »ein viel breiteres und nuancenreicheres Verständnis der Macht« geht[80], gab es bereits bei May und Newman – und, wie wir noch sehen werden, bei den PoststrukturalistInnen selbst.

Richard Day, *Gramsci Is Dead* (2005)

Gramsci Is Dead ist das jüngste Buch, das innerhalb der angloamerikanischen Theorienwelt einen entscheidenden Beitrag zur postanarchistischen Debatte geleistet hat. Es unterscheidet sich dabei auf verschiedene Weisen von seinen Vorgängern. Zunächst ist es ein Buch, das Theorie in unmittelbarer Auseinandersetzung

---

78 Diese Haltung verweist auf eine Tendenz, die Verbindung zwischen Anarchismus und Poststrukturalismus/Postmoderne nicht als analytische, sondern als deskriptive zu sehen. Jüngere soziale Bewegungen – wie etwa die Antiglobalisierungsbewegung – drücken demnach in ihrer Vielfältigkeit und Opposition zu hierarchischen und autoritären Strukturen (auch in der Organisation des Widerstands) poststrukturalistisches/postmodernes Denken aus – eher als dass es darum ginge, den Anarchismus über poststrukturalistisches/postmodernes Denken zu ändern. Vgl. etwa die Arbeit Dave Morlands, der in seinem Aufsatz »Anti-capitalism and poststructuralist anarchism« meint: »In seiner Anpassung an das 21. Jahrhundert nimmt der Sozialanarchismus eine poststrukturalistische Dynamik an« (in: Jonathan Purkis/James Bowen (Hrsg.), *Changing anarchism: Anarchist theory and practice in a global age.* Manchester 2005, S. 35). Bei Newman wird dieser Aspekt freilich zur Legitimation des eigenen analytischen Anspruchs herangezogen. So schreibt er: »Wir sehen bereits, wie der Postanarchismus, oder zumindest Teile seiner Theorie, in diesen Kämpfen funktioniert« (Interview mit *Siyahi Interlocal*, a.a.O.) – als dürfe sich der Postanarchismus mit den Federn der AktivistInnen schmücken.

79 Call, *Postmodern Anarchism*, a.a.O., S. 21.

80 ebd., S. 22.

mit sozialen Bewegungen entwickelt (den »neuesten sozialen Bewegungen«, die Day von den »alten sozialen Bewegungen« und »neuen sozialen Bewegungen« – der 60er und 70er Jahre – unterscheidet). *Gramsci Is Dead* ist wirklich eine Fundgrube, was politischen Aktivismus der letzten zehn Jahre (und darüber hinaus) anlangt. Weiters fällt im Vergleich zu den bereits besprochenen Büchern besonders positiv auf, dass sich Days Auseinandersetzung mit anarchistischer Theoriengeschichte um einiges differenzierter gestaltet. Nicht nur werden *verschiedene* Denker dieser Geschichte eingehend besprochen (neben Bakunin und Kropotkin etwa Godwin, Proudhon und – für angloamerikanische Verhältnisse besonders bemerkenswert – Gustav Landauer[81]), sondern es gestaltet sich auch die Darstellung Bakunins und Kropotkins selbst weit facettenreicher als dies bei May, Newman oder Call der Fall ist.[82] *Gramsci Is Dead* ist ein konkretes, spannendes und vielfältiges Buch, dessen Lektüre Spaß macht.

Die Probleme liegen vielleicht in der Aufbereitung des Theoretischen. Der Aufhänger des Buches ist offensichtlich reißerisch, und dieser Eindruck verstärkt sich nur, wenn wir merken, dass es sich letztlich nur marginal mit Gramsci beschäftigt. Worauf sich der Titel einzig bezieht, ist Days Zurückweisung des Konzepts der Hegemonie, das ihm zufolge »gesehen werden kann als Beschreibung eines Prozesses, durch den verschiedene Fraktionen um Bedeutung, Identität und politische Macht kämpfen«[83]. Wird demnach – wie bei Gramsci – die Notwendigkeit einer Hegemonie des Widerstands gefordert, enden wir bei einem »gleichzeitig unterdrückenden wie vereinheitlichenden Kampf um Herrschaft«[84]. Day möchte dementsprechend »hegemonial bestimmte ›Bewegungen‹«[85] hinter sich lassen, um zu solchen zu gelangen, »die sich der Gefahren einer nicht-staatlichen, aber immer noch hegemonialen Totalität bewusst sind«[86]. Diese Gefahr holt Day zufolge viele ein. So sieht er etwa Hardt und Negri

---

81 Day meint sogar: »Mit Landauer kommt die anarchistische Antwort auf die Kritik des utopischen Sozialismus von Seiten Marx' und Engels zu seiner Vollendung« (Day, *Gramsci Is Dead*, a.a.O., S. 127).

82 Day selbst sagt, dass eines seiner wesentlichen Probleme mit den anderen postanarchistischen Autoren in ihrer »Tendenz« liegt, »den klassischen [anarchistischen] Autoren weniger Anerkennung zukommen zu lassen, als ich es für gerechtfertigt hielte« (ebd., S. 94).

83 ebd., S. 6.

84 ebd., S. 7.

85 ebd., S. 8.

86 ebd., S. 172.

nicht nur »der Logik der Hegemonie auf ziemlich orthodoxe Weise verpflichtet«[87], sondern meint sogar, sie würden »mit einem leninistischen Konzept hegemonialer sozialer Veränderung«[88] arbeiten. Zum Schmunzeln mag im Kontext des vorliegenden Aufsatzes die Kritik Days an Newman anregen. Day stellt zunächst die Frage: »Versucht Newman den Postanarchismus zu nichts mehr als einer weiteren Version hegemonialer Politik zu machen?«, um daraufhin die Antwort zu geben: »Es sieht so aus.«[89]

Anstatt auf der Seite der Herrschaft nichts als Hegemonie zu sehen und auf der Seite des Widerstands nichts als Hegemonie zu fordern, womit eine »Hegemonie der Hegemonie« geschaffen wird, muss es Day zufolge um eine »Affinität der Affinität« gehen.[90] Die Darstellung dieses Konzepts nennt er die »grundlegende Absicht« seines Buches.[91]

Seine Kritik der Hegemonie dient Day als das Kriterium, entlang dessen er in den letzten Kapiteln verschiedene DenkerInnen mit Gramsci und der »hegemonialen Tradition« vergleicht: »PostmarxistInnen« wie Laclau und Mouffe (die besonders positiv beurteilt werden – was mich, offen gestanden, etwas verwundert), autonomistische TheoretikerInnen wie Maurizio Lazzarato oder Christian Marazzi und eben auch die postanarchistischen Autoren. Sein eigenes Buch versteht Day als »Beitrag zur bescheidenen, aber wachsenden Arbeit im Bereich des Postanarchismus und des autonomen Marxismus«.[92]

Die »klassischen Anarchisten« (der Begriff wird auch hier verwendet) scheinen Day »rationalistisch« und »millenaristisch« [93] bzw. der Aufklärung verpflichtet[94], und sie verstehen nicht, »dass die Macht nicht von einem bestimmten Ort kommt«[95]. Hier also wenig Neues. Am Ende seines Buches begibt sich Day auf die Suche nach alternativen Konzepten der Ethik (Day setzt sich hier auf wirklich anregende Weise mit dem Begriff der Solidarität auseinander), der Gemeinschaft (hier widmet Day sich Ideen wie jener der »kommenden Gemeinschaft« Agambens) und des Subjekt (hier wird das von Deleuze

---

87 ebd., S. 151.

88 ebd., S. 155.

89 ebd., S. 168.

90 ebd., S. 9.

91 ebd.

92 ebd., S. 10.

93 ebd., S. 8.

94 ebd., S. 16.

95 ebd., S. 133.

und Guattari in *Tausend Plateaus* entwickelte Bild des »Schmieds« aufgegriffen).

Angesichts der Qualität Days Buches bin ich überrascht, dass seiner Meinung nach das Herausarbeiten »bestimmter anarchistischer Elemente« in den poststrukturalistischen Theorien dem »Projekt des Postanarchismus wirklich Sinn verleiht«[96] – denn ich persönlich frage mich immer noch, wem das alleine helfen soll?[97] Die Frage wird zu Beginn der kritischen Auseinandersetzung mit dem Postanarchismus wieder aufgegriffen. Vorerst aber noch ein paar Zeilen zu seiner Rezeptionsgeschichte.

Verortung und Rezeption des Postanarchismus

In der angloamerikanischen Welt – vor allem in Nordamerika – hat der Postanarchismus mittlerweile ein recht hohes Maß an Popularität erreicht. Das Institute for Anarchist Studies setzt sich in seinen Publikationen und Online-Diskussionsforen immer wieder mit dem Postanarchismus auseinander, und in den theoretischen Diskussionen der anarchistischen Bewegung ist er zu einem gängigen Begriff geworden. Der ambitionierte kanadische Jung-Akademiker Jason Adams rief *postanarchism.org* ins Leben und betrieb dort lange eine *listserv*, auf welcher der Postanarchismus angeregt diskutiert wurde.

Außerhalb der angloamerikanischen Grenzen hat sich die Bewegung jedoch kaum verbreitet. Es gibt eine Gruppe Intellektueller in Istanbul, die das *Siyahi Interlocal* herausgibt, ein »Journal of Postanarchist Theory, Culture and Politics«, aus dem zum Beispiel die hier öfters zitierten Interviews mit May und Newman stammen. Doch scheinen sich auch die Aktivitäten dieser Gruppe in den letzten Jahren in Grenzen gehalten zu haben.[98]

In Deutschland betreibt Jürgen Mümken *postanarchismus.net*, doch konstatiert er selbst: »Innerhalb der anarchistischen Debatten in Deutschland spielt der Begriff des Postanarchismus keine Rolle.«[99]

---

96 ebd., S. 94.

97 Mir gefällt jedoch Days Schlusssatz, da er auf die Unterscheidung zwischen »Anarchie« und »Anarchismus« anspielt, die mir um so vieles nützlicher scheint als ein Begriff wie jener des Postanarchismus: »Mehr denn je scheint es heute so, als müssten wir zwischen Anarchie und Anarchismus wählen« (Day, *Gramsci Is Dead*, a.a.O., S. 217).

98 Der von Herausgeber Süreyyya Evren 2006 verfasste und im Internet zugänglich gemachte Aufsatz »Postanarchism and the ›3rd World‹« war seit längerem der erste Text der Gruppe, auf den ich stieß (vgl. www.psa.ac.uk/2006/pps/Evren.pdf).

99 Jürgen Mümken, »Einführung«, in: ders. (Hrsg.), *Anarchismus in der Postmoderne*, Frankfurt/Main 2005, S. 11.

Wobei er die, wie ich meine, wichtige Bemerkung hinzufügt: »Das heißt aber nicht unbedingt, dass die Diskussionen, die anderswo unter Postanarchismus zusammengefasst werden, nicht auch hier stattfinden. Die verschiedenen theoretischen Auseinandersetzungen (poststrukturalistischer Anarchismus, postmoderner Anarchismus, etc.), die heute unter dem Begriff ›Postanarchismus‹ zusammengefasst werden, sind älter als der Begriff.«[100]
Dieser Hinweis wird im Zuge des Aufsatzes noch von Bedeutung sein, da er die gängige Einstellung zum Verhältnis von Anarchismus und Poststrukturalismus außerhalb der angloamerikanischen Grenzen gut einzufangen scheint. Als ich vor kurzem am C.I.R.A. (Centre International de Recherches sur l'Anarchisme) in Lausanne vorbeikam und berichtete, ich würde an einem Text zum »Postanarchismus« arbeiten, erntete ich für einen Augenblick nur Stirnrunzeln, bevor im nächsten Moment die Einsicht kam: »Ah, du meinst Verbindungen von Anarchismus und Poststrukturalismus!« Daraufhin wurden mir eine Reihe französischer AutorInnen genannt, die entsprechende Arbeit leisten – allen voran Daniel Colson, auf dessen *Petit lexique anarchiste de Proudhon à Deleuze* ich noch zu sprechen kommen werde. Insgesamt wird die Trennung zwischen einem poststrukturalistischen Zugang zum Anarchismus auf der einen Seite und einem »Postanarchismus« auf der anderen eine wichtige Rolle in meiner Kritik an Letzterem spielen.
Die Gründe für die Divergenz zwischen der Popularität des Postanarchismus in der angloamerikanischen Welt und seiner weitgehenden Nicht-Beachtung außerhalb derselben sehe ich erstens in bestimmten Charakteristika des angloamerikanischen Universitätslebens (die Anforderung, sich als AkademikerIn »zu verkaufen« ist dort nach wie vor um einiges stärker als andernorts, was auch die Neigung verstärkt, die Originalität eigener Thesen aufzuputschen und entsprechende Labels zu kreieren); zweitens in den ahistorischen Tendenzen der »Neuen Welt« (die es erleichtern, sich selbst immer wieder als Neuschöpfer von Ideen zu begreifen, auch wenn diese so neu gar nicht sind); und schließlich vor allem in der Weise, auf die sich die anarchistische Bewegung in Nordamerika seit den WTO-Protesten in Seattle 1999 entwickelt hat.[101]

---

100 ebd.

101 Auch Richard Day macht Seattle in seinem Buch zu einem klaren historischen Referenzpunkt. Das Buch wird von dem Kapitel »Seattle, Anarchism and the Corporate Mass Media« eröffnet.

David Graeber prägte 2002 mit seinem Aufsatz »The New Anarchists«[102] den Begriff des »Neuen Anarchismus«, der auf der ungemeinen Popularität beruht, die dem Anarchismus in Nordamerika in Folge der Anti-WTO-Proteste in Seattle widerfahren ist. Da sich diese Entwicklung in Europa so nicht (bzw. höchstens indirekt) vollzogen hat, einige Worte dazu.
Die Proteste in Seattle waren nicht unbedingt die größten Proteste gegen den neoliberalistischen Kapitalismus der letzten zehn Jahre, und schon gar nicht die militantesten. So kam es etwa sowohl anlässlich der G8-Treffen in Birmingham 1998 als auch in Köln 1999 zu international weit verzweigten Protestaktionen mit TeilnehmerInnenzahlen, die denen Seattles ähnlich waren. Und was die so dramatisierten Aktionen des »Schwarzen Blocks« in Seattle anlangt, so blieb die Zahl der eingeschlagenen Scheiben weit unter derjenigen jeder durchschnittlichen Berliner 1.Mai-Demo der 80er oder 90er Jahre (von Ereignissen wie den britischen Poll-Tax-Riots oder der Militanz französischer BäuerInnen und FischerInnen gegen EU-Freihandelszonen ganz zu schweigen). Was Seattle so besonders machte, war die mediale Aufmerksamkeit, die die Proteste erfuhren. Diese hatte wesentlich mit dem Schauplatz zu tun. Richard Day schreibt: »Wenn wir es einfach als eine gewalttätige Konfrontation von Protestierenden und der Polizei betrachten, war das einzige, was an Seattle besonders war, der Ort.«[103] Es verknüpften sich dabei mehrere Faktoren: Erstens waren die Proteste in Seattle zu diesem Zeitpunkt in ihrer Größe und Militanz für nordamerikanische Verhältnisse überraschend. Seit den 60er Jahren hatte das Land Protestkultur in dieser Form nicht mehr erlebt. Zweitens sind die USA eine Medienkultur und da sich die Medien sensationalistisch auf die Proteste stürzten, wurde »Seattle 1999« als symbolisches Ereignis um einiges größer denn als aktuelles. Drittens sind viele AktivistInnen in den USA entsprechend gewitzt, was den Umgang mit den medienkulturellen Verhältnissen betrifft, und vermochten die ihnen zukommende Aufmerksamkeit bis ins Letzte auszunutzen. Und viertens machten es die nordamerikanischen Tendenzen historischer wie geographischer Selbstzentriertheit möglich, vielfältige und bunte Demonstrationszüge, Straßentheater oder etwas originellere Slogans als »Hoch die internationale Solidarität!« als Zeugnisse einer

102 David Graeber, »The New Anarchists«, in: *The New Left Review* 13, January-February 2002. S. 61-73.

103 Day, *Gramsci Is Dead*, a.a.O., S. 3.

»neuen Protestkultur« zu feiern – ungeachtet dessen, dass diese Elemente bereits seit Jahrzehnten verschiedenste Protestaktionen rund um den Globus begleitet hatten.

Warum dann vor allem der Anarchismus zum Profiteur dieser Aufmerksamkeit wurde, ist zu einem Teil Konsequenz der politischen Geschichte der 90er Jahre und zu einem anderen reiner Zufall. Was die politische Geschichte betrifft, so hatte der Zusammenbruch des »real existierenden Sozialismus« und die damit einhergehende historische Diskreditierung des Marxismus in Nordamerika (wie anderswo) eine Leerstelle in der Besetzung »kritischer«, »radikaler« oder »antikapitalistischer« Identität hinterlassen, die neuen Identifikationen weit offen stand.[104] Was die eher zufällige Dimension betrifft, so liegt Seattle nicht weit von Eugene, Oregon, entfernt.

Eugene war immer schon ein Zentrum progressiver politischer Bewegungen der USA: von IWW-Mitgliedern, die am Beginn des 20. Jahrhunderts der Repression, der sie in den Industriegebieten des Mittleren Westens und der Ostküste ausgesetzt waren, zu entkommen versuchten, bis hin zu den »PrimitivistInnen« rund um John Zerzan in den 1990ern, gab es eine Reihe progressiver Communities, die sich dort niederließen.

Einige Monate vor Seattle wurde eine Reclaim-the-Streets-Party in der Stadt abgehalten, die in Auseinandersetzungen mit der Polizei endete, einige AnarchistInnen ins Gefängnis brachte und schon damals relativ große mediale Aufmerksamkeit erregte. Insofern war die Verbindung zu der kleinen Stadt in Oregon nach den Ausschreitungen bei den WTO-Protesten schnell hergestellt. Die »AnarchistInnen von Eugene« wurden als RädelsführerInnen ausfindig gemacht und plötzlich saßen *New-York-Times*-ReporterInnen in abgefuckten kollektiven Häusern, John Zerzan wurde von allen möglichen Fernseh- und Radiostationen interviewt, und manche Modemagazine entblödeten sich nicht, die alternativen Viertel Eugenes nach jungen Frauen abzusuchen, die für *Anarchist-Chic*-Fotoserien posieren sollten.

Egal wie lächerlich manche Aspekte dieses Hypes auch gewesen sein mögen, so fanden sich letztlich viele nordamerikanische AktivistInnen, die bereit waren, die medialen Suggestionen aufzugreifen und das oben angesprochene linksidentitäre Vakuum mit dem Begriff

---

104 Insofern stimme ich mit Newmans Beobachtung überein: »Es ist vielleicht aufgrund der Verwirrung, in der sich die Linke heute befindet, dass es in jüngerer Zeit zu dem großen Revival des Anarchismus als möglicher radikaler Alternative zum Marxismus gekommen ist ... Viel zu verdanken hat dieses Revival freilich auch der sogenannten Antiglobalisierungsbewegung« (Newman, »The Politics of Postanarchism«, a.a.O.).

des Anarchistmus zu füllen. Binnen weniger Monate waren Tausende von Menschen in Kanada und den USA, denen irgendetwas an ihrer Regierung oder am Kapitalismus nicht passte, zu AnarchistInnen geworden – nicht unbedingt weil sie sich je mit anarchistischer Theorie und Geschichte auseinandergesetzt hätten, sondern weil sie irgendwie »anders« waren und Autorität und Ungerechtigkeit scheiße fanden. Und so wurde das Fußballspielen im Park zu *anarchist soccer*, das montägliche Kochtreffen zu *anarchist cooking* oder das Biertrinken am Tresen zum *anarchist meeting*. Voilá: »Neuer Anarchismus«.

Ich denke dabei keineswegs, dass diese Entwicklungen nur nachteilig sind. Es kann sicherlich gut sein, wenn ein weit gefasster und nicht nur negativ konnotierter Anarchismusbegriff im öffentlichen Diskurs zirkuliert, und weder historisches noch theoretisches Bewusstsein dürfen zu einem Muss fürs Anarchistisch-Sein erklärt werden. Gleichzeitig kann ein solch extrem offener Anarchismusbegriff zweifelsohne zu ahistorischen Tendenzen führen (speziell in einer Gesellschaft, die solche ohnehin in sich trägt), was wiederum den Vorstellungen Vorschub leisten kann, etwas »neu« erfunden zu haben, das nichts Neues ist.[105] Der für mich problematischste Aspekt einer solchen Haltung besteht in einer dann möglichen Respektlosigkeit der anarchistischen Geschichte gegenüber, wie sie sich, meiner Meinung nach, heute oft genug im *anti-leftism* einiger prominenter Vertreter (es sind fast ausschließlich Männer) des nordamerikanischen Anarchismus findet (John Zerzan, Bob Black, Jason McQuinn).

Es ist an diesem Schnittpunkt zwischen Originalitätsanspruch und Geschichts- bzw. Theoriefeindlichkeit, an dem der Postanarchismus seine Rolle im Rahmen des »Neuen Anarchismus« einnimmt. Wir könnten gewissermaßen sagen, dass der Postanarchismus dem »Neuen Anarchismus« eine Theorie schreibt, dem Diktum Newmans folgend, der im Zusammenhang mit der so genannten Antiglobalisierungsbewegung (die, wie wir eben gesehen haben, eine bedeutende Rolle für den »Neuen Anarchismus« spielt) meint: »Vielleicht könnten wir sagen, dass der heutige Anarchismus mehr praktisch als theoretisch ist.«[106] Also (so scheint sich der Gedanke fortzusetzen) bedarf

105 Wobei dies ja durchaus nicht das erste Mal ist, das ein »Neuer Anarchismus« verkündet wird. Ähnliche Bezeichnungen wurden zum Beispiel im Zuge der Protestbewegungen der 60er Jahre verwendet. (Vgl. etwa David E. Apter, »The Old Anarchism and the New – Some Comments«, in: David Apter/James Joll, Anarchism Today, Garden City, NY 1971.)

106 Newman, »The Politics of Postanarchism«, a.a.O.

es einer Theorie, die dem »Neuen Anarchismus« angepasst ist. Explizite Hinweise auf diese Verbindung gibt es von Seiten der Postanarchisten immer wieder. Newman meint zum Beispiel: »Ich sehe den Postanarchismus als eine Theorie, die ständig von konkreten politischen Kämpfen wie jenen der Antiglobalisierungsbewegung beeinflusst und bereichert wird.«[107] Richard Day meint, dass das »Grundargument« seines Buches jenes ist, »dass all diese Gruppen und Bewegungen sowie ihre Strategien und Taktiken hilfreich für das Verstehen – und Verstärken – der Ersetzung der Hegemonie der Hegemonie durch die Affinität der Affinität sind«[108]. Dass diese sich so entwickelte Theorie ebenso »neu« sein muss wie die Bewegung, der sie entsprechen will, versteht sich von selbst. Einfacher »alter« Anarchismus wäre da nicht genug. Was wir brauchen, ist »Postanarchismus«. In diesem Sinne ist es keine Überraschung, dass Todd Mays 1994 erschienene Buch erst nach Seattle an Popularität gewann. In seinem mit *Siyahi Interlocal* geführten Interview meinte May auf die Frage, wie sein Buch zum Zeitpunkt des Erscheinens aufgenommen wurde: »Es ist lustig. Akademisch gab es praktisch gar keine Reaktion, und von der Reaktion in anarchistischen Kreisen weiß ich nichts...«[109]

Wie bereits angekündigt, wird mein erster Kritikpunkt der postanarchistischen Bewegung an der Frage nach der Legitimität des postanarchistischen Anspruchs auf eine »neue« Theorie anknüpfen.

2. Bakunin vs. Postanarchismus

Wie wir sehen konnten, ist Bakunin in den Augen der Postanarchisten vor allen Dingen Repräsentant eines überholten Anarchismus des 19. Jahrhundert, der »essentialistisch«, »rationalistisch«, »moralistisch« ist. Anhand dreier Punkte will ich diese Anklagen zurückweisen:

Erstens will ich den Anspruch des Postanarchismus in Frage stellen, einen »neuen« Anarchismus, im Gegensatz zu dem von ihm so bezeichneten »klassischen« Anarchismus mit Bakunin als Hauptvertreter, zu begründen.

Zweitens will ich die postanarchistische Leseweise Bakunins problematisieren.

107 Newman, Interview mit *Siyahi Interlocal*, a.a.O.

108 Day, *Gramsci Is Dead*, a.a.O., S. 9.

109 May, Interview mit *Siyahi Interlocal*, a.a.O.

Und drittens will ich den Anarchismus als Bewegung (repräsentiert von Bakunin) einer Verakademisierung anarchistischen Denkens (im Postanarchismus) gegenüberstellen.

1) »Postanarchismus« – Label statt Erneuerung

Die Vorstellung, etwas Neues zu präsentieren, ist im Postanarchismus sehr ausgeprägt. Saul Newman behauptet etwa, dass das Zusammendenken von Anarchismus und Poststrukturalismus »zuvor nicht existiert hat – zumindest nicht zu dem Grad, dass viel darüber geschrieben worden wäre«[110]. Insofern meint er, dass ein ganzes Forschungsgebiet »zu einem großen Teil unentdeckt geblieben ist«[111]. Auch May sprach, wie wir bereits gesehen haben, von einem »neuen Anarchismus«, und selbst der an sich eher zurückhaltende Call verwendet den Ausdruck.[112]

Ich halte diese Ansprüche für völlig überzogen. Der Poststrukturalismus, der im Postanarchismus präsentiert wird, ist um nichts anarchistischer als der Poststrukturalismus der 70er Jahre, und der Anarchismus, der in ihm präsentiert wird, ist in seinen Grundüberzeugungen kein anderer als der, der er immer schon war. Ich werde versuchen, dies anhand von zwei Punkten zu verdeutlichen:

a) Das Zusammendenken von anarchistischer Politik und poststrukturalistischer Theorie wird spätestens seit den 80er Jahren betrieben. Der Aufmerksamkeit der Postanarchisten mag dies entgangen sein, weil sich diese Aktivitäten zum Großteil außerhalb des angloamerikanischen Raumes abspielten und anspruchslos (ohne ehrgeiziges Label) auftraten. (Erinnern wir uns an die eingangs zitierte Aussage Jürgen Mümkens, der zufolge »die verschiedenen theoretischen Auseinandersetzungen ... die heute unter dem Begriff ›Postanarchismus‹ zusammengefasst werden, älter sind als der Begriff.«[113])

b) Es gibt, einfach gesagt, theoretisch nicht wirklich viel Neues im Postanarchismus.

a) Anarchismus und Poststrukturalismus vor dem Postanarchismus

Wie wir oben gesehen haben, geht das Interesse am Postanarchismus mit der »neuanarchistischen« Post-Seattle-Phase einher. Dabei wird

---

110 Saul Newman, »Is There a Postanarchist Universality?«, www.anarchist-studies.org/article/articleview/87/1/9/.

111 Newman, *From Bakunin to Lacan*, a.a.O., S. 7.

112 vgl. Call, *Postmodern Anarchism*, a.a.O., S. 65.

113 siehe Fußnote 100.

vielfach so getan, als hätte es außer der glorreichen Ausnahme Mays zuvor überhaupt keine Beiträge zum Themenkomplex Anarchismus und Poststrukturalismus gegeben. Doch dem ist nicht so. Selbst englische Texte werden in dieser Darstellung unterschlagen. 1990 erschien Ronaldo Perez' *On (An)archy and Schizoanalysis* bei Autonomedia. Zugegebenermaßen kein großartiges Buch, aber eines, das die gleichen Absichten hatte wie Newmans später – allerdings ohne *New-Anarchism*-Boost und ohne postanarchistisches Label.

Außerhalb der angloamerikanischen Welt finden sich zahlreiche solcher Beispiele. Um nur eines zu nennen: Newman wird zugeschrieben, eine Vorreiterrolle in der poststrukturalistischen Neuentdeckung Max Stirners gespielt zu haben. Doch bereits der Schweizer Urs Marti widmete in seinem Buch *Foucault* den Parallelen zwischen Stirner und dem poststrukturalistischen Denken ein Kapitel. Dieses Buch erschien 1988. Und die Diskussionen beschränkten sich damals keineswegs auf den rein akademischen Rahmen. Ich selbst war Anfang der 90er Jahre in Österreich in zwei anarchistischen Gruppen aktiv, die sich fast ausschließlich mit poststrukturalistischer Theorie beschäftigten. Ebenso waren viele Publikationsorgane der autonomen Linken in den späten 80er und frühen 90er Jahren mit Referenzen zu Foucault und anderen poststrukturalistischen DenkerInnen gespickt.[114] Und bereits Ende der 70er Jahre gab es den *Rhizom*-Buchladen[115] in Berlin, für dessen BetreiberInnen Guattari, Deleuze und Foucault demonstrierten, »dass man die anarchistische Staatskritik weiter entwickeln kann für das 20. und 21. Jahrhundert«.[116]

In der angloamerikanischen Welt gab es damals freilich wenig Interesse an solcher Theorie. Das Schweigen, auf das Todd May 1994 stieß, wurde bereits erwähnt. Doch fand May für seinen Text wenigstens einen Verleger. Ein US-amerikanischer Freund schickte 1993 einen Aufsatz mit dem Titel »Close to 2000: Notes on Anarchism« an verschiedene anarchistische Zeitschriften. Absicht des Aufsatz war es, anarchistische AktivistInnen zum Studium poststrukturalistischer Texte anzuregen, um »einen theoretischen Rahmen« zur Verfügung zu stellen, in dem »den gegenwärtigen Verhältnissen angemessene theoretische Konzepte ... zur Unterstützung antiautoritärer anarchi-

114 Vgl. z.B.: VAL, »Liebe, Krieg und Alltag«, in: Geronimo u.a.: *Feuer und Flamme 2. Kritiken, Reflexionen und Anmerkungen zur Lage der Autonomen*. Amsterdam/Berlin 1992.

115 Benannt nach dem Buch *Rhizom* von Gilles Deleuze und Félix Guattari (Berlin 1977).

116 Unveröffentlichtes Interview mit Michael Volk, Mitarbeiter des *Rhizom*-Buchladens, Herbst 2005 (Bibliothek der Freien, Archiv).

stischer Lebensformen entwickelt werden können«.[117] Der Text wurde von den anarchistischen Blättern durch die Bank abgelehnt und dies mit mangelndem Interesse am Thema begründet. 2001 formuliert Saul Newman als wesentliche Absicht seiner Arbeit: »Der Postanarchismus kann daher als ein Versuch gesehen werden, durch die Anwendung und Entwicklung der Einsichten von Poststrukturalismus und Diskursanalyse anarchistische Theorie ... neu zu schreiben.«[118] Wo liegt der Unterschied?

b) Der Postanarchismus »neu«?

Abgesehen von der Vermessenheit des Anspruchs, theoretische Gebiete erschlossen zu haben, die uns zuvor unbekannt gewesen sein sollen, stellt sich die Frage, was an der spezifisch postanarchistischen (wenn wir wollen: angloamerikanischen) Form der Auseinandersetzung mit dem Anarchismus aus poststrukturalistischer Perspektive (und umgekehrt) theoretisch wirklich neu ist. Ich meine nicht viel. In jedem Fall nicht genug, um ein eigenes Label zu rechtfertigen.

Zweifel an der Innovationskraft postanarchistischer Theorie sollten sich alleine schon einstellen, wenn wir die praktischen Konsequenzen betrachten, zu denen einige der Postanarchisten gelangen. Newman etwa kommt am Ende von *From Bakunin to Lacan* zu dem Schluss, dass es »keinen Grund gibt, warum die anarchistische Ethik des antiautoritären Widerstands nicht andere Kämpfe wie den Feminismus, die Kämpfe der Behinderten, der KonsumentInnen, der Arbeitslosen, der Jungen, der Alten, der UmweltschützerInnen, der Verrückten, der SozialhilfeempfängerInnen, ja jedes Individuums oder jeder Gruppe von Individuen, die sich gegen bestimmte Formen von Herrschaft und Ausbeutung wehren, mit einschließen kann.«[119] Gute 25 Jahre zuvor fordert Lyotard eine Verbindung zwischen den Kämpfen der »Frauen, Homosexuellen, Geschiedenen, Prostituierten, Enteigneten, Gastarbeitern«[120], und Guattari eine zwischen den »Transvestiten, Drogensüchtigen, Sado-Masos ... Kindern, Jugendlichen ... Psychoten, Künstlern, Revolutionären ... aller sexuellen Minderheiten.«[121] Newman wird nicht origineller, wenn er meint: »Die strukturelle Offenheit der postanarchistischen Logik erlaubt uns, die

117 Kyle Clark, »Close to 2000: Notes on Anarchism«, Tempe 1993.

118 Newman, »The Politics of Postanarchism«, a.a.O.

119 Newman, *From Bakunin to Lacan*, a.a.O., S. 165.

120 Jean-François Lyotard, *Patchwork der Minderheiten*, Berlin 1977, S. 38.

121 Félix Guattari, *La révolution moléculaire*, Fontenay-sous-Bois 1977, S. 296.

Einheit des politischen Denkens zu brechen und es einer Flexibilität und vielfältigen Interpretationen zu öffnen.«[122] Wieder können wir rund 25 Jahre zurückgehen und Foucault feststellen hören, dass sich das Denken »von der anarchischen Differenz abwendet und überall und bei allen gleichermaßen das Identische zu erkennen weiß«[123], während Lyotard meint: »Die Antwort darauf lautet: Krieg dem Ganzen, ... aktivieren wir die Differenzen!«[124]

Auch das »Zusammenbringen des Poststrukturalismus und Anarchismus durch eine Ethik der Singularität«[125] reißt nicht gerade Bäume aus auf der Ebene theoretischer Originalität, wenn wir bedenken, dass es bereits anno dazumal zu den Schlachtrufen der PoststrukturalistInnen zählte, dass es »keine Universalien, sondern nur Singularitäten gibt«[126]. Und wenn Day sein »grundlegendes Problem« als jenes bezeichnet, dass es »nicht den einen Feind gibt, gegen den die neuesten sozialen Bewegungen kämpfen«, sondern dass sie aus »vielfältigen Kämpfen« bestehen, die in ihrer jeweiligen »Eigenheit« analysiert werden müssen[127], fühle ich mich zwangsläufig an Deleuze erinnert, der Mitte der 70er Jahre schreibt: »Die ... revolutionäre Bewegung ist ... auf viele ›Herde‹ verstreut, und zwar nicht aus Schwäche oder Unvermögen, sondern weil eine bestimmte Totalisierung der Macht und der Reaktion angehört.«[128]

Kurz, ich kann mich Days Auffassung, dass der Postanarchismus »die wichtige Aufgabe übernommen hat, die anarchistische Tradition angesichts der gesellschaftlichen Bedingungen der Postmoderne und der poststrukturalistischen Kritik auf eine kreative Weise neu zu lesen und neu zu schreiben«[129], nicht anschließen. Für mich handelt es sich hier eher um eine neu benannte als eine neu geschaffene Theorie.[130] (Oder anders gesagt: Der Poststrukturalismus selbst hat

---

122 Newman, *From Bakunin to Lacan*, a.a.O., S. 173.

123 Michel Foucault, in: Michel Foucault/Gilles Deleuze, *Der Faden ist gerissen*, Berlin 1977, S. 38.

124 Jean-François Lyotard, »Beantwortung der Frage: Was ist postmodern?«, in: *Postmoderne und Dekonstruktion*, Stuttgart 1990, S. 48.

125 Newman, *From Bakunin to Lacan*, a.a.O., S. 170.

126 Deleuze, in: *Pariser Gespräche*, Berlin 1989, S. 48.

127 Day, *Gramsci Is Dead*, a.a.O., S. 5f.

128 Deleuze, in: *Der Faden ist gerissen*, a.a.O. S. 98.

129 Day, *Gramsci Is Dead*, a.a.O., S. 129.

130 Natürlich lässt sich der Postanarchismus auch so allgemein definieren wie von Jürgen Mümken: »Postanarchismus setzt sich mit postmoderner und poststrukturalistischer Theorie aus anarchistischer Perspektive auseinander« (www.postanarchismus.net). An so einer Definition gibt es wenig auszusetzen, doch löst sie, wie ich meine, nicht die Frage nach der

diese Aufgabe als implizit anarchistische Denkbewegung bereits geleistet. Es braucht dazu keinen Postanarchismus.)
Umgekehrt stellt sich die Frage ähnlich: Was rechtfertigt eigentlich das »Post« in Bezug auf den Anarchismus, wenn Newman seine politischen Absichten wie folgt formuliert: »Der Postanarchismus ist eine Reihe politisch-ethischer Strategien, die darauf abzielen, Autorität zu zerstören und die Herrschaft und Unterdrückung in Institutionen, Normen und Praktiken zu entlarven, die wir als normal und legitim akzeptieren.«[131] Was hat der Anarchismus je anderes getan? Natürlich entgeht mir nicht, dass May, Newman et al. in ihren poststrukturalistisch inspirierten Überlegungen einen expliziten Bezug auf Autoren, die sie »klassische Anarchisten« nennen, herstellen, den es so bei den poststrukturalistischen AutorInnen der 70er Jahre nicht gab. Nur: theoretische Texte unterschiedlicher Epochen miteinander zu vergleichen, schafft nicht eine neue Theorie. Dafür müsste schon etwas passieren, das ein Eck kreativer ist, als einige ethische Prinzipien zu aktualisieren.[132] Viel mehr als das (wenn überhaupt) passiert im Postanarchismus aber nicht.[133]

Sinnhaftigkeit des Labels auf: sich mit einem Theoriengebäude aus einer bestimmten Perspektive auseinanderzusetzen, ist eine Herangehensweise, vielleicht eine Methode – aber keine neue Denkbewegung.

131 Saul Newman, *Power and Politics in Poststructuralist Thought. New theories of the political*, London/New York 2005, S. 49. Newmans politische Vorstellungen werden keinesfalls origineller, wenn sie konkreter werden: »Eher als um einen demokratischen Pluralismus, der auf Identität beruht, geht es um einen demokratischen Pluralismus *von* Identität. Eher als um einen demokratischen Pluralismus, der mit einer Identität beginnt, geht es um eine Identität, die selbst mit demokratischem Pluralismus beginnt – mit einer radikalen Offenheit. Das ist die Demokratie, die der Postanarchismus verlangt ... und möglich macht!« (*From Bakunin to Lacan*, a.a.O., S. 174). Wunderbar. Weiters: »Da Freiheit diskursiv mit Gleichheit verbunden wurde, kann sie nicht gegen Gleichheit verwendet werden und sie verunmöglichen ... sie würde sich dann nämlich gegen sich selbst wenden. ... Dies ist kein Essentialismus: es geht nicht um eine menschliche Natur oder eine essentielle Verbindung zwischen Freiheit und Gleichheit – es geht um ein diskursives Verschmelzen der beiden Begriffe« (ebd., S. 168f.). Schön. Nur: Welchen Unterschied macht das eigentlich?

132 Von allen »postanarchistischen« Autoren hat das, meine ich, Andrew Koch am besten formuliert. Er spricht davon, dass es darum geht, dass »der Poststrukturalismus eine Möglichkeit eröffnet, die Forderungen des Anarchismus neu zu formulieren« (Koch, »Poststructuralism and the Epistemological Basis of Anarchism«, a.a.O., S. 348). Von den in diesem Aufsatz vorwiegend referierten Autoren kommt Call dem am nächsten: »Es ist meine Hoffnung, dass AnarchistInnen mit vormodernen oder modernen Überzeugungen aus dem postmodernen Anarchismus Nutzen ziehen können. Dieser kann ihnen vielleicht helfen, theoretische Probleme im Rahmen ihrer eigenen Überzeugungen zu klären und zu lösen und diese Überzeugungen somit zu stärken« (Call, *Postmodern Anarchism*, S. 22).

133 Das einzige, was für dieses Argument ins Rennen geworfen wird, ist, dass der Anarchismus dem Poststrukturalismus eine Ethik gebe. So meint etwa Newman, dass der Anarchismus »als eine ethische Strategie ... immer noch enorme Bedeutung hat« (Newman, *From*

Ich komme nicht umhin, den Postanarchismus wesentlich als Label zu sehen – als Marke, die hilft, eine bestimmte Form von Theorie zu verkaufen. Im besten Falle könnte, was hier verbreitet wird, May folgend »poststrukturalistischer Anarchismus« heißen.[134] Doch hat dieser etwas schwerfällige Begriff natürlich weniger Marktwert. Dass stattdessen ein weiterer »Post«-Begriff bemüht wird, bestätigt nur die mangelnde Kreativität des Unternehmens. »Postkolonialismus«, »Postfeminismus«, »Postmarxismus« – »Post« hat sich in den letzten zehn Jahren leicht zum abgedroschensten Präfix aller entwickelt, um vermeintliche Progressivität zu signalisieren; ohne dass dabei anscheinend die Ironie bemerkt wird, dass Abgedroschenheit und Progressivität nicht unbedingt viel gemein haben.

Eine weitere Ironie besteht darin, das Denken von AutorInnen zur Schaffung eines neuen Labels zu verwenden, die sich selber nie mit dem Schaffen irgendwelcher Labels aufgehalten haben.[135] Weder Foucault noch Deleuze, weder Lyotard noch Derrida sprechen je davon, »poststrukturalistisch« zu sein.[136] Dies ist ein von anderen

---

Bakunin to Lacan, a.a.O., S. 166). Aus diesem Grund will er »die moralischen Prinzipien des Anarchismus mit der poststrukturalistischen Kritik des Essentialismus vereinen« (ebda, S. 158). Mir leuchtet diese Notwendigkeit nicht ein. Wenn der Poststrukturalismus keine Ethik hätte, wäre er nicht anarchistisch (wie Newman selbst – zumindest an manchen Stellen – behauptet). Um ehrlich zu sein, überrascht es mich sehr, dass sich die Postanarchisten beinahe durchwegs der gängigen Kritik anschließen, dass der Poststrukturalismus ethisch unzureichend wäre. Call spricht in Zusammenhang mit Foucault gar von »nihilistischer Kritik« (*Postmodern Anarchism*, S. 85). Die poststrukturalistische Kritik an universaler und absoluter Moralität hat jedoch nichts mit ethischer Prinzipienlosigkeit zu tun (vgl. Kuhn, *Tier-Werden, Schwarz-Werden, Frau-Werden,* a.a.O., S. 24ff.) Hier liegt meiner Meinung nach die größte Stärke des Aufsatzes Kochs, der es sich zur Aufgabe gemacht hat, »die Behauptung in Frage zu stellen, dass der Poststrukturalismus keinen Grund für Widerstand gegen den Staat schaffen kann« (Koch, »Poststructuralism and the Epistemology of Anarchism«, a.a.O., S. 328). Koch schreibt: »Der normative Charakter des Anarchismus kommt vom negativen Charakter seiner Ausrichtung. ... Es ist nicht der Widerstand gegen den Staat, der legitimiert werden muss, sondern das gegen die Einzelnen gerichtete Handeln des Staates. Ist dem Staat die Grundlage seines Handelns einmal entzogen, ist der Widerstand gegen ihn der einzig normative Ort, der noch verbleibt« (ebd., S. 344)

134 In diesem Sinne denke ich nicht, dass »Postanarchismus« und »poststrukturalistischer Anarchismus« einfache Synonyme sind, wie Newman das zu suggerieren scheint: »Ich würde sagen, dass poststrukturalistischer Anarchismus – oder Postanarchismus ...« (Newman, »The Politics of Postanarchism«, a.a.O.).

135 Bzw. an diesen schlicht nicht interessiert sind. Insofern wundert sich Newman, wo es nichts zu wundern gibt: »Wenn wir in der Frage des Staates die Nähe von Deleuze und Guattari zu den AnarchistInnen betrachten, so scheint es überraschend, dass sie den Anarchismus niemals erwähnen« (Newman, *From Bakunin to Lacan*, a.a.O., S. 111, FN 12). Wozu sollten sie das tun, wenn es um Ideen geht, und nicht um Kategorisierungen?

136 Interessant in diesem Zusammenhang die Einsicht Days, dass der Versuch, Foucault einen Anarchisten zu nennen, bedeutet, »Foucault im Namen nicht-hegemonialer Kämpfe zu hegemonisieren« (*Gramsci Is Dead*, S. 94). Ähnlich auch bei Call: »Foucaultschem Denken

geschaffener Sammelbegriff[137], der als Hilfsmittel der ideengeschichtlichen Verortung dieser DenkerInnen dient. Als solcher mag er sicher seinen Wert haben, nur: inhaltlich sagt er sehr wenig. Ihn als Vergütung seiner eigenen »Post-Progressivität« heranziehen, wirkt daher doppelt peinlich.
Letztlich gibt mir aber vor allem das Folgende zu denken: Anstatt anarchistische Adaptionen poststrukturalistischer Theorie heute begeistert zu feiern, scheint es mir eher ein Armutszeugnis für den Stand anarchistischer Theorie zu sein, dass uns Reformulierungen von mittlerweile auch schon wieder über 30 Jahre alten Ideen als »neueste« anarchistische Theorie untergejubelt werden können. Niemand der postanarchistischen Autoren scheint daran je gedacht bzw. dies problematisiert zu haben.
Zum Glück gibt es jedoch auch andere Arten, mit dem Poststrukturalismus im Rahmen anarchistischer Geschichte umzugehen. Indem der Poststrukturalismus nämlich als eine der theoretischen Ausdrucksformen des Anarchismus in diese Geschichte eingegliedert und entsprechend (das heißt: ohne Label und ohne Verlust der historischen Perspektive) analysiert wird. Dass dies der Begeisterung an der Auseinandersetzung mit dem Poststrukturalismus aus anarchistischer Perspektive keinen Abbruch tun muss, bestätigt Daniel Colson in seinem *Petit lexique d'anarchisme de Proudhon à Deleuze*: »Worum es diesem Lexikon geht, ist zu zeigen, dass der Nietzscheanismus Foucaults oder Deleuzes ... nicht nur das traditionelle libertäre Denken, wie es sich zum Beispiel in den Texten Proudhons oder Bakunins ausdrückt, erhellt und belebt – sondern dass auch er selbst von diesem Denken erhellt und belebt wird.«[138]

2) Bakunin falsch lesen

Die Rezeption Bakunins im Postanarchismus ist oft verblüffend oberflächlich. Dies zeigt sich bereits in einer unreflektierten Verwendung

---

zufolge wäre die Feststellung: ›Ich bin anarchistisch!‹, unmöglich, da eine solch totalisierende Formulierung sofort die Möglichkeiten eines permanenten offenen, fließenden anarchistischen Diskurses verhindern würde« (Call, *Postmodern Anarchism*, S. 65).

137 Newman weiß das selbst: »Viele der ›poststrukturalistischen‹ DenkerInnen, mit denen ich mich auseinandersetzen werde, hätten diese Bezeichnung abgelehnt. ›Poststrukturalismus‹ ist nur ein Schlagwort, ein Bequemlichkeitsbegriff, der eine Reihe von DenkerInnen und Ideen vereint, die in vielerlei Hinsicht sehr unterschiedlich sind« (Newman, *From Bakunin to Lacan*, a.a.O., S. 13).

138 Daniel Colson, *Petit lexique philosophique de l'anarchisme. De Proudhon à Deleuze*, Paris 2001, S. 10.

des Quellenmaterials. Wie Jesse Cohn und Shawn P. Wilbur anmerken,[139] zitiert etwa Newman in seiner Darstellung des Denkens Bakunins seitenweise aus Gregorij Petroviè Maksimovs Bakunin-Zitatensammlung von 1953.[140] Maksimovs Bemühen um eine kohärente Darstellung Bakuninschen Denkens mag durchaus ehrenhaft gewesen sein. Doch scheinen sich Bakunin-ForscherInnen einig, dass dieser Band, der an die 30 separate, ursprünglich in verschiedenen Sprachen verfasste Texte auseinander reißt und in aphoristischen Auszügen systematisch zu gruppieren versucht, eine zweifelhafte Grundlage für eine differenzierte Auseinandersetzung mit Bakunins Texten und Ideen darstellt. So stützt sich Newman beispielsweise in seiner Kritik eines Bakuninschen »Essentialismus« auf Begriffe, die er um Jahrzehnte verspäteten englischen Übersetzungen entnimmt. Die Probleme liegen dabei wohl auf der Hand.
Das heißt in keiner Weise, das wir nicht über AutorInnen schreiben können, die uns im Original unzugänglich sind oder vor langer Zeit geschrieben haben. Natürlich muss eine solche Auseinandersetzung möglich sein. Doch können wir, meine ich, gleichzeitig eine kritische Reflexion erwarten, was die Schwierigkeiten anlangt, die solche Unternehmungen mit sich bringen. Um nur ein Beispiel für die problematischen Schlussfolgerungen anzuführen, die das Fehlen einer solchen kritischen Reflexion bedingen kann, sei auf Newmans Kommentare zu Bakunins Verständnis der Arbeit verwiesen – Newman schreibt: »Zum Beispiel baute Bakunin die anarchistische Moral auf der Wichtigkeit der Arbeit auf: ›Die menschliche Moral gestattet solche Rechte nur denen, die sich ihr Leben durch Arbeit verdienen.‹ Gibt es hier nicht eine paradoxe Ähnlichkeit zwischen der moralischen Betonung der Arbeit bei Bakunin und den Forderungen konservativer Radio-Talk-Show-Hosts, die dauernd den ›fleißigen Arbeiter‹ gegen den Sozialhilfeempfänger ausspielen?«[141] Diese »paradoxe Ähnlichkeit« gibt es nicht. Hätte sich Newman das Zitat Bakunins im Kontext angesehen, wäre klar geworden, dass es Bakunin hier mit dem Verweis auf die »menschliche Moral« um eine Verteidigung der arbeitenden Massen ging; um eine Verteidigung denjenigen gegenüber, die aufgrund ihres Privilegs ökonomisch nicht zur Arbeit gezwungen

139 Jesse Cohn/Shawn P. Wilbur: »What's Wrong With Postanarchism?«, www.anarchist-studies.org/article/view/26/.

140 *The Political Philosophy of Bakunin: Scientific Anarchism*, Glencoe 1953.

141 Newman, *From Bakunin to Lacan*, a.a.O., S. 164.

waren und diese mithilfe ihrer »göttlichen Moral« abwerteten.[142] Was hat das mit den bigotten Tiraden konservativer Radio-Talk-Show-Hosts zu tun?

Letztlich geht es wohl einfach um so etwas wie »intellektuelle Integrität«. In jedem Fall gebe ich Feyd le Sueur, dem südafrikanischen Genossen der Zabalaza Anarchist Communist Federation,[143] recht, wenn er in seiner Kritik Newmans schreibt: »Newman belegt sein (Miss)Verständnis anarchistischen Denkens anhand zahlreicher Zitate von Bakunin und Kropotkin. Ich könnte nun viele Zitate anführen, die seine Interpretationen widerlegen würden, doch kann es darum nicht gehen ... Es ist immer möglich, einen Text durch selektives Zitieren zu entstellen; auf der Basis isolierter Zitate lässt sich ewig streiten. Besser ist, die AutorInnen selbst sprechen zu lassen – vor allem im Falle Bakunins und Kropotkins.«[144]

Auf die gängigsten Kritikpunkte der Postanarchisten an Bakunin wurde bereits in der Zusammenfassung ihrer Texte verwiesen: »Essentialismus«, »Humanismus«, Naivität, Verhaftet-Sein in der Aufklärung. Auch die »autoritären Tendenzen«, die etwa Newman Bakunin unterstellt, wurden bereits erwähnt.[145] Hinzugefügt werden mag hier Days Kommentar, dass Bakunin »seine eigene Form von ›Diktatur‹ propagierte«.[146] Day sieht diese Behauptung durch Bakunins

---

142 Vgl. Michael Bakunin, *Gesammelte Werke*, Band 2, Berlin 1975, S. 117: »Die göttliche Moral ist auf zwei unmoralischen Grundsätzen begründet: dem Respekt der Autorität und der Verachtung der Menschheit. Die menschliche Moral gründet sich im Gegenteil nur auf die Verachtung der Autorität und den Respekt der Freiheit und der Menschheit. Die göttliche Moral betrachtet die Arbeit als eine Herabwürdigung und eine Züchtigung; die menschliche Moral sieht in ihr die oberste Bedingung von Menschenglück und Menschenwürde. Die göttliche Moral führt mit notwendiger Konsequenz zu einer Politik, die nur denen Rechte zuerkennt, die durch ihre Stellung ökonomisch privilegiert ohne zu arbeiten leben können. Die menschliche Moral erkennt nur denen Rechte zu, welche arbeitend leben, sie erkennt an, daß der Mensch nur durch die Arbeit Mensch wird.«

143 *GK, 2009*: Feyd le Sueur ist der Name, unter dem der Artikel ursprünglich online gepostet wurde. Es ist jedoch davon auszugehen, dass es sich bei dem Text um eine Kollektivarbeit der Zabalaza Anarchist Communist Federation handelt. Nachdem ich mich allerdings bei der Erstveröffentlichung des Textes dazu entschieden hatte, le Sueur als Autor anzugeben, bleibt diese Zitierweise hier aufrecht erhalten.

144 Feyd le Sueur, »Sucking the Golden Egg: A Reply to Newman«, www.zabalaza.net.

145 Es gibt hier übrigens eine interessante Spannung zwischen dieser postanarchistischen Kritik an Bakunin und der gleichzeitigen Unterstellung, Bakunins Denken hätte auf dem naiven Bild des »an sich guten« Menschen aufgebaut. Es zeugt wiederum von der simplifizierenden Leseweise Bakunins, dass diese Spannung nicht zu einer differenzierten Analyse seines Denkens anregt, sondern in quasi-widersprüchlichen Trivialisierungen endet.

146 Day, *Gramsci Is Dead*, a.a.O., S. 116. Zitate wie das folgende sollten die bei dieser Frage auftauchenden Missverständnisse ausräumen: »nichts ist der sozialen Revolution so entgegengesetzt als die Diktatur. ... Die Diktatur ist gut, ist notwendig in politischen Revo-

Faible für »revolutionäre Geheimgesellschaften« gerechtfertigt.[147] Ich denke, dass Bakunin im Postanarchismus schlicht zu einem Strohmann aufgebaut wird, um einen »alten«, »überholten«, »essentialistischen« Anarchismus zu repräsentieren, den zu überwinden die Postanarchisten sich zur Aufgabe gemacht haben. Sicherlich stimmt es, dass Bakunins Denken von humanistischen oder rationalistischen Vorstellungen des 19. Jahrhunderts gekennzeichnet war[148], oder dass sein Denken teleologische Züge trägt, die an den historischen Materialismus erinnern. Nur war Bakunin gleichzeitig gerade kein Universalphilosoph à la Hegel, sondern eher ein Vertreter jener »spezifischen Intellektuellen«, die sich Foucault wünschte (was die Postanarchisten also eigentlich freuen sollte) und die »ihre Arbeit nicht mehr im ›Allgemeinen‹ und ›Exemplarischen‹, in dem, was ›für alle wahr und gerecht ist‹, [ansiedeln] ..., sondern in bestimmten Bereichen und an spezifischen Punkten«[149].

Bakunins Theoretisieren entsprach dieser Vorstellung in vielerlei Hinsicht. Bakunin wandte sich stets gegen die Abstraktion und verteidigte das »Individuelle« oder das »Singuläre«. Wenn wir den folgenden Passus aus *Gott und der Staat* mit der postanarchistischen Kritik vergleichen, wird schwer verständlich, was es da eigentlich zu kritisieren gibt: »Die menschliche Individualität, ebenso die der unbeweglichsten Dinge, ist für die Wissenschaft gleichfalls unfassbar und sozusagen nicht existierend. Deshalb müssen auch die lebenden Individualitäten sich gegen sie verwahren und schützen, um von ihr nicht wie das Kaninchen zum Nutzen irgendeiner Abstraktion geopfert zu werden...«[150] So viel anderes hat Max Stirner auch nicht gesagt. (Und das schlechter.) Wieder bringt Feyd le Sueur das Problem auf den Punkt: »[Newman] fordert uns dazu auf, ›nach einer politischen Gemeinschaft oder kollektiven Identität zu streben, die Differenz nicht

---

lutionen, welche Staaten umstürzen, um andere zu gründen und welche eine Herrschaft zerstören, um sofort eine neue zu errichten. Sie ist unmöglich in der sozialen Revolution, die ein für allemal aller Herrschaft, allen Staaten ein Ende machen will« (Bakunin: *Gesammelte Werke*, Band 3, Berlin 1975, S. 173).

147 vgl. ebd., S. 116f. Auch Bakunins Ideen zu »revolutionären Geheimgesellschaften« gaben zu zahlreichen kontroversen Debatten Anlass. Zu einer differenzierten Auseinandersetzung mit der Frage fehlt an dieser Stelle der Platz. Doch scheint die nonchalante Nebeneinanderstellung der beiden Begriffe bei Day in jedem Fall gewagt.

148 Auch die hier, vor allem bei Newman, mitschwingende »Aufklärungskritik« fällt zweifelsohne zu einfach aus. Vgl. dazu Jesse Cohn, »What Is Postanarchism ›Post‹?«, www3.iath.virginia.edu/pmc/text-only/issue.902/13.1cohn.txt, sowie: Jesse Cohn/Shawn P. Wilbur, »What's Wrong With Postanarchism?«, www.anarchist-studies.org/article/view/26/.

149 Foucault, *Dispositive der Macht*, Berlin 1978, S. 44.

150 Michael Bakunin, *Gott und der Staat*, Grafenau/Wien 1995, S. 82f.

einschränkt‹ – als würden wir das nicht seit je her tun! ... Nichts ist seit den Zeiten Bakunins für unsere anarchistische Theorie und Praxis wichtiger als das. ... Newman fordert einen der zentralen Aspekte unserer Praxis ein und tut so als wäre das etwas Neues!«
Auch der Vorwurf, dass Bakunin das »menschliche Wesen« naiv als »gut« definiert und sein Denken damit auf simplistischen Modellen von »guter Mensch« vs. »böses System« beruht, tut Bakunin unrecht. Es kann ihm nicht vorgeworfen werden, dass er eine »ursprüngliche menschliche Natur« romantisieren würde. Vielmehr sagt er ganz eindeutig, »dass, um die Menschen moralisch zu machen, man das soziale Milieu moralisch machen muss.«[151]
Was von den Postanarchisten meist als naiver Hinweis auf die »Gutheit« des Menschen gelesen wird, ist damit nur ein Verweis auf seine sozialen und solidarischen Potentiale. Zu sagen: »Der Mensch ist gut!«, ist eine Sache. Zu sagen: »Der Mensch ist nicht zwangsläufig des anderen Menschen Wolf«, ist ein sehr andere. Mit den Worten Feyd le Sueurs: »Mir scheint, dass der Kern der anarchistischen Position in Zusammenhang mit diesen Fragen aus zwei Punkten besteht: erstens aus einer Zurückweisung egoistischer Theorien der menschlichen Natur; und zweitens aus der Ansicht, dass die menschliche Natur eine wesentlich soziale ist. Das Letztere impliziert eine natürliche Fähigkeit zur Zusammenarbeit und zur gegenseitigen Hilfe – es impliziert nicht, dass Menschen ausschließlich altruistisch sind oder es keine egoistischen Elemente, kein Machtstreben oder Ähnliches gäbe.«[152]
Bakunin war der Tatsache gegenüber nicht blind, dass auch Staaten und Machtstrukturen von Menschen geschaffen werden. Wie sich diese Prozesse reproduzieren, verdient natürlich lange Diskussionen und es mögen dabei auch Aktualisierungen der Vorstellungen Bakunins gefragt sein. Doch heißt das nicht, dass Bakunin hoffnungslos falsch lag. Tatsächlich waren seine Gedanken zur Psychologie in vielerlei Hinsicht so differenziert, wie sich das PoststrukturalistInnen gerne wünschen würden. Deleuzes und Guattaris Gegenüberstellung eines »schizo-revolutionären« und eines »paranoid-reaktionären« Wunschpols steht Bakuninschen Vorstellungen viel näher als manche meinen mögen.
Der Fairness halber muss natürlich gesagt werden, dass die Postanarchisten Bakunin nicht vollständig verdammen. Vor allem Day

---

151 Bakunin: Gesammelte Werke, Band 2, a.a.O., S. 120.

152 Feyd le Sueur, »Sucking the Golden Egg: A Reply to Newman«, a.a.O.

findet eine Reihe lobenswerter Aspekte in dessen Denken. So meint er, dass es bei Bakunin »gewisse Fortschritte gibt, die für das Entstehen einer Logik der Affinität wichtig sind«[153], wovon der bedeutendste »die Unterscheidung zwischen sozialer und politischer Revolution« sei[154]. Außerdem hätte Bakunin »vielleicht zum ersten Mal die theoretische Möglichkeit eröffnet, die Dichotomie von Revolution und Reform zu überwinden«[155], und betont, dass wir uns von den »Erfahrungen, Leidenschaften, Bedürfnisse und Hoffnungen unseres täglichen Lebens leiten lassen müssen, nicht von wissenschaftlichen Abstraktionen«[156].

Auch May, Newman und Call bekennen Respekt für Bakunins Kritik an Hegel, seine konsequente Antiautorität, seine Verteidigung der Individualität oder seine Auflösung des ökonomischen Primats (auch wenn Newman sich hier gleich wieder fragt, ob Bakunin »nicht einfach die Ökonomie mit dem Staat als des *essentiellen* Übels in der Gesellschaft ersetzt habe« und somit »in die gleiche Falle wie der Marxismus trat«[157]). Call meint in Bezug auf Bakunins Wissenschaftskritik sogar, dass sich dort bereits »ein Ausgangspunkt des postmodernen Anarchismus« findet.[158]

Ich finde es schade, dass diese Aspekte nicht weiter verfolgt wurden, sondern dass die Postanarchisten sich stattdessen entschlossen, Bakunin im Rahmen eines Systemvergleichs mit dem Poststrukturalismus für unzeitgemäß zu erklären. Wenn wir wollten, könnten wir sogar sagen, dass sie das Denken Bakunins zu diesem Zweck »essentialisierten«, um ihren eigenen »Anti-Essentialismus« feiern zu können. Doch machen Polemiken dieser Art wohl wenig Sinn. Ironisch scheint allerdings, dass sich die Postanarchisten in ihren simplifizierten Verallgemeinerungen des Denkens Bakunins der Möglichkeit berauben, Bakunin »poststrukturalistisch« anstatt »modern« zu lesen. Denn letztlich soll es im Poststrukturalismus ja gerade nicht darum gehen, Systeme zu vergleichen, um eines mit einem anderen zu ersetzen, sondern darum, das Denken von Systemen zu befreien. Unter anderem auch deshalb, um einen Zugang zu DenkerInnen zu ermöglichen, der uns erlaubt, einzelnen Ideen und

---

153 Day, *Gramsci Is Dead*, a.a.O., S. 113.

154 ebd., S. 114.

155 ebd.

156 ebd., S. 115.

157 Newman, *From Bakunin to Lacan*, a.a.O., S. 47. – Hervorhebung GK.

158 Call, *Postmodern Anarchism*, a.a.O.,S. 68.

Konzepten Aufmerksamkeit zu schenken anstatt uns auf ideologische Totalität konzentrieren zu müssen. In diesem Sinne scheinen mir die folgenden, vor fünfzehn Jahren geschriebenen, Worte nach wie vor aktuell: »Wenn oben unter anderem die Idee des Universalismus in Frage gestellt wurde, muß das auch für das eigene Verhältnis zu einzelnen TheoretikerInnen gelten, das heißt: die Alternative zum ganzen Bakunin besteht nicht in gar keinem Bakunin, sondern besteht in einer anderen Leseweise: Nicht allgemeine Theorien zur Rettung der Welt werden gesucht, sondern einzelne Konzepte, Begriffe, Einfälle, die uns in je spezifischem Gebrauch Anlaß geben zu neuen Überlegungen, neuen Perspektiven, neuen Widerstandsformen, neuen Lebensgestaltungsmöglichkeiten. Wer Bakunin so liest und wer revolutionären Wünschen folgt, dem/der braucht gar nicht gesagt werden, warum Bakunin heute allgemein wichtig sein soll, denn er/sie wird zwangsläufig auf das, was ihm/ihr an Bakunin wichtig ist, stoßen...«[159]

3) Akademisierung vs. Bewegung

Der Postanarchismus ist ein ausgesprochen akademisches Unterfangen. Ich denke dabei, dass es gute Gründe für Days Beobachtung gibt, der zufolge »auf Seiten der AktivistInnen – vor allem innerhalb des anarchistischen Lagers – eine alteingesessene Skepsis all jenen gegenüber existiert, die in einem akademischen Kontext arbeiten.«[160] Und in der Tat: Diese Kritik kommt dem Postanarchismus aus weiten Teilen des anarchistischen Lagers zu. Aragorn!, eine bekannte Figur in der anarchistischen Szene San Franciscos, meinte etwa zu Beginn des *listservs* auf *postanarchism.org*: »Ich denke mir, dass die meisten von euch viel zu beschäftigt mit eurer Universitätsausbildung sein werden, um sich auch wirklich im Kontext politischer Aktivität oder zwischenmenschlichen Lebens durch die Implikationen eurer ›Kritik‹ durchzuarbeiten ... Wenn wir nun noch einen weiteren Haufen unlesbarer (anglophoner) Philosophen (?) zu unserer bereits jetzt unlesbaren Philosophie/Praxis hinzufügen, dann führt uns das einen weiteren Schritt hin zu ... ja, was eigentlich? ... Im Großen und Ganzen fürchte ich, dass all dies nur ... einigen Männern helfen wird, akademische Titel zu ergattern. Großartig!«[161]

---

159 Gabriel Kuhn, »Bakunin 1994 – eine Ergänzung zu Nettlaus Leitartikel«, in: Bakunin, *Gott und der Staat*, a.a.O., S. 4.

160 Day, *Gramsci Is Dead*, a.a.O., S. 12.

161 groups.yahoo.com/group/postanarchism/message/7

Ich meine nicht einfach, dass das Problem des Postanarchismus sei, dass er »theoretisch« ist. Theorie ist gut. Ich meine auch nicht einfach, dass das Problem des Postanarchismus sei, dass er »abstrakt« ist. Abstraktionsgrade sind schwierig zu bestimmen und sehen für alle anders aus. Auf diese Diskussion will ich mich hier nicht einlassen. Was ich jedoch meine, ist, dass die Verankerung des Postanarchismus in der akademischen Welt als einer Institution mit charakteristischen Implikationen von Herrschaft, Privileg, Wettbewerb und Systemimmanenz offensichtlich ist. Nicht nur haben alle postanarchistischen Autoren Uni-Jobs, sondern sie publizieren auch entsprechend: Mays Buch erschien in einer University Press (Pennsylvania State), die Bücher Newmans und Calls bei Lexington, einem renommierten Wissenschaftsverlag, und *Gramsci Is Dead* bei Pluto Press, auch einem Verlag mit klar akademischer Ausrichtung (wenn auch stark progressivem Anspruch). Newmans Nachfolgewerk zu *From Bakunin to Lacan*, mit dem Titel *Power and Politics in Poststructuralist Thought,* erschien gar bei Routledge, dem renommiertesten aller angloamerikanischen akademischen Verlage. Erschwinglich sind dabei nur die Bücher Mays und Calls, und auch diese kosten mehr als US$20. Die Lexington-Publikationen kosten um die US$60 und Newmans *Power and Politics in Poststructuralist Thought* satte US$125. Es überrascht also nicht, wenn sich die Debatten rund um den Postanarchismus hauptsächlich im Rahmen stark akademisch orientierter Foren vollziehen wie etwa dem Institute for Anarchist Studies. Schließlich sind es zum größten Teil nur AkademikerInnen, die überhaupt Zugang zu den postanarchistischen Texten haben bzw. die Zeit (das Privileg), sich mit diesen auseinanderzusetzen.

Nichts des eben Gesagten kann freilich alleine Grund zur Kritik sein. Viele von uns leben mit Implikationen von Herrschaft und Privileg. Auch Bakunin tat das. Doch denke ich gleichzeitig, dass das Mindeste, was wir uns in so einem Fall erwarten können, eine kritische Reflexion der eigenen sozialen Positionierung ist. Die postanarchistischen Autoren sind klug und ich bin mir sicher, dass sie die Problematik ihrer akademischen Verortung jederzeit bereitwillig einräumen würden.[162] Doch ein intellektuelles Bekenntnis ist eine Sache. Eine kri-

162 May meint auf die Frage, ob sein theoretischer Diskurs sich nicht vornehmlich auf akademische Kreise beschränken würde: »Schuldig im Sinne der Anklage. Aber das betrifft nicht nur PoststrukturalistInnen und PostmodernistInnen. Dies ist ein Problem der Geisteswissenschaften und der akademischen Welt im Allgemeinen. Wir sprechen nicht mit vielen Leuten außerhalb unserer Kreise. Dafür gibt es eine Reihe von Gründen: Veröffentlichungsdruck, die Geschichte des Anti-Intellektualismus in den USA usw.« (May, in: »Poststructuralist Anarchism: An Interview with Todd May«, perspectives.anarchist-studies.org/8may.htm).

tische Reflexion ist eine andere. Ich denke, dass die Antwort Jason Adams auf den Sarkasmus Aragorn!s dieses Problem illustriert: »Es stimmt sicherlich, dass der Postanarchismus von Leuten artikuliert wurde, die *zufällig* auch Akademiker sind...«[163] Wo, bitte, liegt hier der Zufall? Die Tatsache, dass die Postanarchisten Akademiker sind, liegt in der Logik der Sache selbst. Und genau diesbezüglich müsste es eine Auseinandersetzung geben – eine Auseinandersetzung, die, meines Erachtens nach, sowohl eine andere historische Sichtweise des Anarchismus als auch ein anderes Verständnis politischer Praxis zur Folge haben würde.

Die Postanarchisten erachten den Poststrukturalismus als notwendig, um dem »veralteten« Anarchismus wieder auf die Sprünge zu helfen. Stirner oder Nietzsche werden in diesem Zusammenhang als Quellen entdeckt, die inspirierender für einen zeitgenössischen Anarchismus wirken sollen als etwa Bakunin. Nur: Wieso? Was hat die Person Max Stirner je für die anarchistische Bewegung getan? Oder Friedrich Nietzsche? Bei allem Respekt für die Originalität und die Inspirationskraft des Denkens beider sowie für die Aktivitäten anarchistischer GenossInnen, die wesentlich von diesem Denken motiviert wurden, fällt es mir schwer, sie als Ahnherrn einer anarchistischen Bewegung zu begreifen. Die persönliche Involviertheit in den Kampf, die antibürgerliche Lebenspraxis sind mir dafür zu wichtig. Diese Aspekte sind jedoch für mich hier nicht erkennbar. Und Erklärungen wie die Calls, der meint, ihn würde in der Auseinandersetzung mit DenkerInnen »der politische *Effekt*« mehr als die »persönliche Politik« interessieren[164], reichen mir nicht, um mich vom Gegenteil zu überzeugen.

Theoretische Auseinandersetzung und politische Praxis sind nicht das Gleiche – trotz aller poststrukturalistischer Bonmots von der Aufhebung der Grenzen zwischen Theorie und Praxis.[165] Dies gilt auch für die Beurteilung anarchistischer Geschichte. Denn dort, wo diese – wie im Postanarchismus – ideologisch simplifiziert wird, leistet sie nur einer anarchistischen Geschichtsfeindlichkeit Vorschub, die im extremsten Fall dazu führt, im Namen des »Neuen Anarchismus« zum Vergessen des »Anarchismus als Idee« bzw. »der Männer mit den Bärten« aufzufordern, wie es etwa das einflussreiche CrimethInc-

---

163 groups.yahoo.com/group/postanarchism/message/8. – Hervorherbung GK.

164 Call, *Postmodern Anarchism*, a.a.O., S. 90.

165 Newman: »Politischer Aktivismus wird immer von Theorie beeinflusst. Tatsächlich glaubten Foucault und Deleuze, dass es hier keinen Unterschied gibt: politisch aktiv zu sein ist das Gleiche wie theoretisch aktiv zu sein« (Interview mit Siyahi Interlocal, a.a.O.).

Kollektiv tut.[166] Damit wird die anarchistische Geschichte als eine Geschichte konkreter Beispiele, revolutionäre Lebensformen zu entwickeln, diskreditiert und preisgegeben. Und auch wenn Theorie gut ist – Beispiel ist nach wie vor besser. Lesen wir Emma Goldmann: »Bakunins Leben und Persönlichkeit war so reich, ausgedehnt und allumfassend, daß man nicht weiß, mit welcher Phase desselben man beginnen soll, um dem Andenken dieses wundervollen Mannes gerecht zu werden. Wie sehr auch seine Theorien zur Klärung meiner eigenen Gedanken beitrugen, übte doch vor allem sein flammender Geist zwingenden Eindruck auf mich aus.«[167]

Wo die Postanarchisten konkrete politische Stellung beziehen, verbindet sich im schlimmsten Fall ihr Fokus auf die Theorie mit der fehlenden Selbstreflexion ihrer eigenen Privilegien. Newman bietet hierfür das beste Beispiel. Nicht nur setzt er sich nirgendwo mit der Problematik auseinander, politische Theorie als weißer männlicher Akademiker zu betreiben, der sich hauptsächlich auf andere weiße männliche Akademiker bezieht, sondern er besitzt sogar die Dreistigkeit, Sätze zu formulieren wie: »Warum gehen wir davon aus, dass Schwarz- oder Schwul- oder Weiblich-Sein notwendigerweise eine revolutionäre Identität konstituiert? Ist das nicht eine essentialistische Voraussetzung?«[168] Selbst vor Aussagen wie den folgenden schreckt er nicht zurück: »Wir können das in den Arten sehen, auf die manche feministische Diskurse Männer dämonisieren. Diese unterscheiden sich kaum von den Chauvinismen, unter denen die Frauen zuvor selbst zu leiden hatten. Doch diese Formen oppositioneller Logik bestärken nur die Unterdrückungsstrukturen, die sie bekämpfen wollen.«[169]

Noch einmal: Ich glaube keineswegs, dass es zwangsläufig zur Selbstdiskreditierung Anlass gibt, wenn wir in Bewegungen aktiv sind, die großteils (oder sogar ausschließlich) akademisch und/oder weiß und/oder männlich und/oder heterosexuell sind. Doch müssen diese Charakteristika innerhalb dieser Bewegungen bewusst reflektiert

---

166 CrimethInc., *fighting for our lives. an anarchist primer*, www.crimethinc.com/a/fighting/sample.html.

167 Emma Goldmann, zit.n. Bakunin, *Gott und der Staat*, a.a.O., S. 42.

168 Newman, *From Bakunin to Lacan*, a.a.O., S. 172. Paternalistische Kommentare wie die folgenden machen Newmans Aussagen dabei nur noch schlimmer: »Ich will damit natürlich nicht sagen, dass Frauen, Schwule, Schwarze und AsiatInnen nicht in mancher Hinsicht unterdrückt oder ausgeschlossen werden und dass es in dieser Hinsicht nicht auch legitime und antiautoritäre Kämpfe gibt« (ebd., S. 172).

169 ebd.

und mitgedacht werden. Ansonsten bleibt nur Unglaubwürdigkeit und, wie eben gesehen, Peinlichkeit.
Wir können den Reichtum der anarchistischen Tradition, deren Theorie und Ethik sich so oft in direktem Zusammenhang mit konkreten Kämpfen entwickelt hat, nicht preisgeben. Eine anarchistische Theorie und Ethik, die sich stattdessen vornehmlich abstrakt legitimiert, wäre ein äußerst schwacher Ersatz. Abschließend will ich einmal mehr Feyd le Sueur das Wort überlassen:
»Wir wissen, dass Bakunin und Kropotkin ernsthafte Fehler gemacht haben, doch nehmen diese der Tradition anarchistischen Denkens, die sie begründeten, nicht ihren Wert. Selbst wenn Newman in allen einzelnen Punkten seiner Kritik recht hätte (was im Übrigen bedeuten würde, dass die meisten der nachfolgenden AnarchistInnen Bakunin wie Kropotkin völlig falsch gelesen oder zentrale Implikationen ihres Denkens einfach nicht verstanden hätten), bliebe immer noch eine intellektuelle Tradition bestehen, der wir als AnarchistInnen entstammen, und die, wie ich meine, als solche Newmans Angriffen gegenüber in jedem Fall immun wäre ... Es ist diese Tradition ..., die ich verteidigen will. Eine Tradition, die unmittelbar mit einer großen Tradition von Kämpfen und revolutionärer Praxis verbunden ist – eine Tatsache, die Newman beinahe vollständig ignoriert.«[170]

170 Feyd le Sueur, »Sucking the Golden Egg: A Reply to Newman«, a.a.O.

Anarchismus, Postmodernismus und Poststrukturalismus

Postmoderne und Poststrukturalismus werden spätestens seit Ende der 1980er Jahre in vielen intellektuellen Kreisen stark rezipiert. Für anarchistische Kreise galt dies jedoch lange Zeit nicht. Eine entschiedene Zurückweisung alles Postmodernen/Poststrukturalistischen vereint sogar manche ihrer am stärksten verfeindeten Strömungen (vgl. Zerzan 1991; Albert o. J.). Seit dem Anfang des Jahrzehnts ist jedoch auch innerhalb des Anarchismus das Interesse an Postmoderne und Poststrukturalismus bzw. an Analysen zur Relevanz postmoderner und poststrukturalistischer Theorie für anarchistisches Denken und anarchistische Praxis gestiegen. Der vorliegende Aufsatz versucht, dieses Interesse zu untersuchen, seine Entwicklung nachzuzeichnen und seine Errungenschaften ebenso wie seine Versäumnisse anschaulich zu machen.

Ich will mit einer terminologischen Unterscheidung beginnen, da die Diskussionen um Postmoderne bzw. Poststrukturalismus seit langem von einer gewissen begrifflichen Undifferenziertheit gekennzeichnet werden. Die Begriffe »Postmoderne« und »Poststrukturalismus« haben unterschiedliche Ursprünge und wurden in unterschiedlichen Zusammenhängen verwendet, bevor sie zunehmend als Synonyme Anwendung fanden. Die Bedeutung von Begriffen hängt von deren Gebrauch und Austausch innerhalb einer Gemeinschaft von Sprechenden ab, und jeder Versuch, ihre »wahre« Bedeutung zu definieren, endet in Anmaßung, Peinlichkeit oder beidem. Gleichzeitig lassen sich Begriffe mehr oder weniger differenziert fassen und unterscheiden, was die Differenziertheit der ihnen geltenden Diskussionen wesentlich bestimmt. So bin ich davon überzeugt, dass viele der Simplifizierungen, die den anarchistischen Widerstand gegen alles Postmoderne/Poststrukturalistische prägen, verschwänden, würden wir nur eine einfache Unterscheidung treffen können: die nämlich zwischen politisch un- oder kontraproduktiven Geschwätz, das uns oft genug als »postmodernes Denken« präsentiert wird, auf der einen und radikalen poststrukturalistischen (und manchmal auch postmodernen) Kritiken der Platonischen Tradition und ihrer repressiven Implikationen auf der anderen Seite.

Im Kontext dieses Aufsatzes wird »Postmoderne« sich auf einen *soziokulturellen Zustand* beziehen, nämlich den, der von Jean-François Lyotard in *Das postmoderne Wissen* (1979) beschrieben wurde. Lyotard entlehnte darin »postmodern« als deskriptive Kategorie der

Architektur und Kunst, um sie auf eine sich zunehmend pluralisierende Gesellschaft als Ganze anzuwenden. Eine anarchistische Auseinandersetzung mit der Postmoderne würde demnach in einer Analyse des betreffenden gesellschaftlichen Zustands bestehen. Dies würde AnarchistInnen potentiell helfen, die soziokulturellen Dynamiken des postmodernen Zeitalters ebenso zu begreifen wie ihre Positionierung und Rolle in diesem und die darin implizierten Schwierigkeiten und Potentiale im Kampf gegen den Staat.
»Poststrukturalismus« hingegen wird sich auf einen *Theoriekörper* beziehen, der von Lyotard, Michel Foucault, Gilles Deleuze und Félix Guattari, Jacques Derrida und anderen entwickelt wurde und darauf abzielte, im Anschluss der Ereignisse des Pariser Mai 1968 die intellektuelle Herrschaft des Strukturalismus in Frankreich zu brechen.[1] Eine anarchistische Auseinandersetzung mit dem Poststrukturalismus würde demnach in einer Bewertung des Nutzens poststrukturalistischer Theorie für anarchistische Politik bestehen.
Die Unterscheidung zwischen einem soziokulturellen Zustand und einem Theoriekörper wird gewissermaßen untergraben von dem Begriff des *Postmodernismus*, meist als Denkbewegung definiert, die den postmodernen Gesellschaftszustand begrüßt und – wie der Poststrukturalismus – pluralistische Theorie zu stärken versucht. »Postmodernismus« bleibt dabei jedoch ein weiterer Begriff als »Poststrukturalismus« und wird für alles Mögliche verwendet: von der Konzeptkunst Jenny Holzers über die Musiktheorie Jonathan Kramers bis zur liberalen Politik Richard Rortys. Oft bezieht sich der Begriff auf jede Denk- oder Ausdrucksform, die sich nicht auf Gott, menschliche Natur oder historischen Determinismus stützt. In diesem Sinne könnte der Poststrukturalismus tatsächlich, in den Worten von Lewis Call (2002: 14), als »*eine Variante* postmodernen Denkens« gesehen werden.

Anarchismus und Postmoderne

Die Postmoderne hat mehrere subtile Spuren im Anarchismus hinterlassen. Konzepte wie jene eines »small-a anarchism« – vertreten von David Graeber (2002), Starhawk (2004) und anderen – spiegeln eine intellektuelle Stimmung wider, in der Referenzen auf alle po-

---

1 Der Begriff des Poststrukturalismus war nie klarer bestimmt und fungierte immer nur als Sammelbegriff für eine Anzahl von AutorInnen, deren Arbeiten zwar verwandte Züge tragen, die jedoch nie beabsichtigten, eine »Bewegung« zu gründen – schon gar keine mit dem Namen »Poststrukturalismus«.

tentiellen »Meta-Erzählungen« schnell einen Mangel an intellektueller Weltgewandtheit bedeuten können. Gleichzeitig sind überraschend wenige anarchistische Texte veröffentlicht worden, die sich ausführlich mit postmoderner Kultur auseinandersetzen. Lewis Calls *Postmodern Anarchism* (2002) stellt die einzig nennenswerte Ausnahme dar.

Call skizziert darin eine »postmoderne Matrix« und suggeriert, dass der Anarchismus »eine politische Philosophie ist, die perfekt auf die postmoderne Welt passt« (11). Im Laufe des Buches macht er sich auf die Suche nach dem »Metagenre« der angedeuteten Matrix, die er schlussendlich in »der Science-Fiction-Literatur, die wir als Cyberpunk« kennen, zu erkennen glaubt (ebda.). Teile der Suche sind eine begeisterte Rezeption Friedrich Nietzsches, eine erfrischende Interpretation Jean Baudrillards und ein viel gerühmtes Kapitel zur Science-Fiction-Literatur von William Gibson und Bruce Sterling. Call hält deren Texte für das beste Beispiel »einer radikalen Politik für das neue Jahrtausend bzw. einer Politik postmodernen Anarchismus« (24). Calls Arbeit mag keine allzu spektakulären theoretischen Sprünge erlauben, doch sie deutet zweifelsohne die anarchistischen Potentiale an, die in bestimmten Lesarten der Postmoderne enthalten sind.

Wie gesagt, gibt es dafür wenige andere Beispiele. Freilich stellt sich die Frage, ob diese notwendig sind, wenn der Begriff der Postmoderne selbst als angemessene Beschreibung unserer soziokulturellen Verhältnisse fraglich geworden ist. Hardt und Negris *Empire* (2000) ist nur eines der in den letzten Jahren erschienenen Werke, die als Indiz gesehen werden können, dass es einer Wiederbelebung der lang abgelehnten »Meta-Erzählungen« bedarf, um die gegenwärtigen gesellschaftlichen, kulturellen, politischen und ökonomischen Dynamiken wirklich in ihrer Komplexität begreifen zu können. Gleichzeitig mag Hardt und Negris Konzept der »Multitude« in seiner inhärenten Pluralität immer noch als postmodernes Konzept gelten.

Schlussendlich zeigen solche Debatten wohl vor allem, dass sich historische Komplexität nicht auf vereinfachende Kategorien wie »Modernität« und »Postmodernität« reduzieren lässt und dass eine Neubewertung des analytischen Nutzens der postmodernen Idee selbst notwendig erscheint – auch in Bezug auf ihre Relevanz für den Anarchismus.

Anarchismus und Poststrukturalismus

Todd Mays Buch *The Political Philosophy of Poststructuralist Anarchism* (1994), das auf einem früheren Aufsatz mit dem Titel »Is Post-

Structuralist Political Theory Anarchist?« (1989) aufbaut, wird gewöhnlich als der erste umfassende Versuch zitiert, traditionelles anarchistisches Denken mit poststrukturalistischer Theorie zu vereinen. Die Frage, ob dies berechtigt ist oder nicht, sei dahingestellt; in jedem Fall muss das Buch als wesentlicher Beitrag zu den entsprechenden Debatten gesehen werden.

Mays Ausführungen beruhen auf der Überzeugung, dass der »traditionelle Anarchismus« zwar als wichtiger ethischer und politischer Wegweiser gelten muss, dass er jedoch theoretisch in den »naturalistischen« und »essentialistischen« Philosophien des 19. Jahrhunderts verankert ist und deren epistemologische Mängel widerspiegelt. Der Poststrukturalismus hingegen hat eine Theorie anzubieten, welche »die *a-prioris* des traditionellen Anarchismus« zu ersetzen vermag (May 1994: 87). In diesem Sinne ist er in der Lage, dem Anarchismus neue analytische und theoretische Kraft einzuhauchen.

2001 erschien das Buch *From Bakunin to Lacan*, verfasst vom Australier Saul Newman. Die darin formulierten Ideen decken sich zu einem großen Teil mit jenen von *The Political Philosophy of Poststructuralist Anarchism*. Die Bücher unterscheiden sich in der Richtung, die sie in ihrer »Rettung des klassischen Anarchismus« (Newman 2003a) nehmen. Während May via Lyotard, Foucault und Deleuze zu einer Auseinandersetzung mit analytischer Moralphilosophie gelangt, findet Newman via Stirner (der ihm zufolge »ein offensichtliches, aber bisher unerforschtes Bindeglied zum Poststrukturalismus darstellt« (2001: 6)), Foucault, Deleuze/Guattari und Derrida seinen Retter in Lacan, der ihm hilft, »das nicht-essentialistische Außen der Macht zu theoretisieren« (2001: 160).

Während die Publikation von Mays Buch mehr oder weniger unbeachtet blieb, wurde *From Bakunin to Lacan* innerhalb kurzer Zeit als bahnbrechender Beitrag zum anarchistischen Diskurs gefeiert. Ich sehe dafür vor allem drei Gründe: (1) im Jahr 2001 war die allgemeine Präsenz poststrukturalistischer Theorien in progressiven intellektuellen Kreisen so stark geworden, dass sich anarchistische Intellektuelle eine prinzipielle Zurückweisung derselben kaum noch leisten konnten, ohne hoffnungslos anachronistisch zu erscheinen; (2) Newmans Buch wurde in der post-Seattle-Euphorie des »Neuen Anarchismus« veröffentlicht, in der allem, das die Attribute »anarchistisch« und »neu« vereinte, unmittelbares Interesse zukam; (3) Newman war ein schickes Label für seine Position eingefallen, nämlich »Postanarchismus«; ein Etikett, das er auch weiterhin gebraucht und erst vor kurzem als »Erneuerung der anarchistischen Tradition

durch eine Kritik am Essentialismus und einem starren – anstatt dynamischen – Politikverständnis« definiert hat (Newman 2007: 4).
Genauso wie Mays Buch ist *From Bakunin to Lacan* ein wichtiger Beitrag zur Erforschung der Zusammenhänge zwischen Poststrukturalismus und Anarchismus. Es beinhaltet jedoch einige theoretische Probleme. Das offensichtlichste liegt in Newmans inkonsequenter Anwendung des Begriffs »Macht«, die sich zwischen einer »traditionellen« und einer »Foucaultschen« Adaption bewegt. Newmans Arbeit leidet auch unter Trivialisierungen des »klassischen Anarchismus« und des Konzepts des »Essentialismus«. Gleiches gilt für May, der von »traditionellem Anarchismus« spricht. Die Konsequenz ist, dass ein Großteil der Kritik am »klassischen« bzw. »traditionellen« Anarchismus eher einen Strohmann zu treffen scheint als eine lebendige und vielfältige Bewegung. Damit wird auch deren politisches Vermächtnis diskreditiert (siehe auch Cohn 2002; Cohn und Wilbur 2003; Zabalaza Anarchist Communist Federation 2003). Was Newmans Arbeit betrifft, ist die dringendste Frage natürlich, warum irgendwelche seiner Überlegungen den Anarchismus »post« machen: was genau wird zurückgelassen bzw. überwunden?
Anarchismus war immer von Entwicklung und Änderung geprägt. Wenn Newman diesem Prozess nun also ein weiteres Kapitel hinzufügt, was macht dieses Kapitel so speziell, dass es eine Namensänderung nahe legen würde? Welche Gründe gibt es dafür außer dem verführerischen Charakter des Präfixes »post«? Und warum sollten wir eigentlich über den Anarchismus hinaus wollen oder hinter ihn gelangen oder nach ihm sein (je nachdem, was »post« nun bedeuten mag)? Weil wir nicht mögen, was Bakunin geschrieben hat? Das scheint wenig überzeugend. Es ist unmöglich, alle anarchistischen AutorInnen zu mögen. Vor allem aber lässt sich der Anarchismus als historische Bewegung kaum auf die Texte bestimmter AutorInnen reduzieren. Der Anarchismus als historische Bewegung ist geprägt von einem kompromisslosen Kampf gegen die Institutionalisierung von Autorität (wie wir sie am deutlichsten im Staat antreffen – und heute vielleicht in Konzernen) und für soziale Beziehungen, die eine solche Institutionalisierung verunmöglichen. In meinen Augen kann poststrukturalistische Theorie diesen Kampf wesentlich unterstützen. Das heißt, sie stärkt unseren Anarchismus – und gibt uns keinerlei Grund, seinen Namen zu ändern.
Es gibt eine weitere Schwierigkeit mit dem postanarchistischen Label. Diese liegt darin, dass die terminologische Innovation eine theoretische suggeriert, die es so nicht gibt. Mit anderen Worten, explizite

Verbindungen zwischen Anarchismus und Poststrukturalismus zu formulieren, war nicht die Erfindung Newmans – und auch nicht die Mays. Es ist wahr, dass anarchistische Theorie im Allgemeinem postmodernem und poststrukturalistischem Denken mit Vorsicht begegnet ist. Aber das heißt nicht, dass es keine Ausnahmen gab. May und Newman mögen die Verbindungen, die sie herstellten, explizit gemacht haben, aber es gab eine Reihe früherer Ansätze, anarchistische Tradition und poststrukturalistisches Denken zusammenzuführen, ohne Labels und Fanfaren. Diese Ansätze folgten einer Überzeugung, auf die Newman interessanterweise selbst verweist, wenn er den Poststrukturalismus »*in nuce* anarchistisch« nennt (Newman 2003b).[2]

Eine Reihe von AnarchistInnen haben poststrukturalistische Ideen seit langem in ihre Diskussionen und Aktivitäten integriert. Betrachten wir ein paar Beispiele aus dem deutschsprachigen Raum, wo ich die Geschichte am besten kenne: In Berlin wurde in den späten 1970er Jahren ein Buchladen namens *Rhizom* gegründet, dessen BetreiberInnen sich als AnarchistInnen verstanden, die poststrukturalistisches Denken als unabdingbar erachteten in der Formulierung einer »Kritik des Staates für das 20. und 21. Jahrhundert« (Bibliothek der Freien 2005). Der Schweizer Philosoph Urs Marti fügte seinem 1988 erschienenen Buch *Michel Foucault* nicht nur ein Kapitel mit dem Titel »Anarchistische Sympathien« bei, sondern zog auch zahlreiche Parallelen zwischen poststrukturalistischem Denken und Max Stirner – über ein Jahrzehnt vor Newmans angeblicher poststrukturalistischer Wiederentdeckung des berüchtigten Autors von *Der Einzige und sein Eigentum*. Dokumentierte Diskussionen von Foucaults Machttheorie innerhalb der autonomen Szene gibt es spätestens seit 1991 (siehe VAL 1992). Etwa zur selben Zeit war ich Teil zweier anarchistischen StudentInnengruppen in Österreich, die regelmäßig Lesekreise zum Poststrukturalismus organisierten. Ich könnte mit Beispielen fortfahren. Selbst Jürgen Mümken, Deutschlands einflussreichster postanarchistischer Autor und Gründer von *postanarchismus.net*, bestätigt: »Die verschiedenen theoretischen Auseinandersetzungen (poststrukturalistischer Anarchismus, postmoderner Anarchismus, etc.), die heute unter dem Begriff ›Post-

2 Newmans Haltung ist hier jedoch nicht eindeutig. Im selben Buch spricht er auch von »grundlegenden Differenzen« zwischen Anarchismus und Poststrukturalismus sowie davon, dass beide »zusammengebracht« werden müssen (Newman 2001: 6f).

anarchismus‹ zusammengefasst werden, sind älter als der Begriff« (Mümken 2005: 11).[3]

Auch in der englischsprachigen Welt gibt es wertvolle »vor-post-anarchistische« Beiträge zur Anarchismus/Poststrukturalismus-Debatte. Diese werden heute weitgehend übersehen. Ein Hauptbeispiel dafür ist der Aufsatz »Poststructuralism and the Epistemological Basis of Anarchism« von Andrew Koch, erschienen 1993. Der Aufsatz wurde schon zur Zeit seines Erscheinens wenig beachtet und ist heute, trotz des postanarchistischen Hypes, praktisch vergessen – obwohl er eine Einsicht beinhaltet, die sowohl Mays als auch Newmans Arbeit vermissen lassen. Während Letztere die Anklagen marxistischer Linker und bürgerlicher Liberaler wiederholen, denen zufolge der Poststrukturalismus nicht in der Lage sei, eine Theorie des Widerstands zu artikulieren – in Newmans Worten fehlt ihm »ein explizit politisch-ethischer Gehalt« (Newman 2003a) –, macht Koch klar, dass »diejenigen, die dem Poststrukturalismus ... vorwerfen, keine Ethik des Widerstands formulieren zu können, die Crux des Poststrukturalismus missverstanden haben« (Koch 1993: 348). Kochs Erläuterung dessen, was er ein »Umdrehen der Beweispflicht« nennt, ist eine der präzisesten und überzeugendsten Zusammenfassungen poststrukturalistischer Ethik: »Es ist nicht der Widerstand gegen den Staat, der legitimiert werden muss, sondern das gegen die Einzelnen gerichtete Handeln des Staates. Ist dem Staat die Grundlage seines Handelns einmal entzogen, ist der Widerstand gegen ihn der einzig normative Ort, der noch verbleibt« (ebda., 343). Die Vernachlässigung von Kochs Aufsatz ist bedauerlich. Ihn zu studieren, würde vielen helfen, die am Anarchismus poststrukturalistischen Denkens interessiert sind. [4]

---

3 Was den Ursprung des Begriffs betrifft, so gibt es ein häufig zitiertes Missverständnis. Dabei wird auf einen Aufsatz von Hakim Bey aus den 1980er Jahren verwiesen, »Post-Anarchism Anarchy«, auch aufgenommen in *T.A.Z.: The Temporary Autonomous Zone* (1991). Das Problem ist, dass Bey sich mit dem Titel gegen alle Ismen wenden und stattdessen das (unideologische) Konzept der Anarchie betonen wollte. Ähnliche Ansätze wurde in jüngeren Jahren sowohl von CrimethInc. (2002) als auch vom *Green-Anarchy*-Kollektiv (2004) formuliert. Dies mag postmoderne Züge tragen (auch wenn es unsere FreundInnen in Oregon wahrscheinlich empört, mit dem Begriff in Zusammenhang gebracht zu werden), aber keine, die in irgendeiner Weise einen »Postanarchismus« nahe legen – ganz im Gegenteil.

4 Leider hat Koch in seinen späteren Arbeiten die Verbindungen zwischen Poststrukturalismus und Anarchismus nicht weiter ausgebaut. Doch betont er nach wie vor, dass »der Poststrukturalismus ein ethisches Prinzip beinhaltet, dass seinen epistemologischen Vorstellungen folgt« (Koch 2007: ix) und dass »linke Politik eine anarchistische Komponente haben muss« (ebda., 106).

Eine positive Bezugnahme auf das postanarchistische Label verhindert natürlich nicht großartige Arbeit. Richard Days 2005 erschienene Buch *Gramsci Is Dead: Anarchist Currents in the Newest Social Movements* kann dafür als beeindruckendes Beispiel gelten. Day will mit dem Buch »zur bescheidenen, aber wachsenden Arbeit im Bereich des Postanarchismus und autonomen Marxismus beitragen« (Day 2005: 10). Es gelingt ihm dabei vorbildlich, Theorie entlang konkreter Kämpfe zu entwickeln. Seine Analyse der »neuesten sozialen Bewegungen« hat deutliche Ähnlichkeit mit Analysen, die einen »poststrukturalistischen« Charakter anti-neoliberaler Kämpfe behaupten (siehe z. B. Carter und Morland 2004, und Morland 2005). Von besonderer Bedeutung bleibt freilich, die Beiträge jener zu beachten, die ohne Label operieren. Nicht nur der Fairness wegen, sondern um unsere theoretische Forschung zu bereichern. Konkret meint das den Arbeiten Aufmerksamkeit zu schenken, die in Frankreich von Daniel Colson oder dem Tiqqun Kollektiv geleistet werden, in Spanien von Tomás Ibáñez, in Japan von den HerausgeberInnen des VOL-Magazins und in vielen anderen Ländern von AutorInnen und AktivistInnen, die mir nicht bekannt sind.

Ausblick

Es ist eine triviale Feststellung, aber was zählt sind Ideen und Konzepte, nicht Namen und Etikette. Erstere bleiben erhalten, wenn Letztere längst vergessen sind. Welches Vermächtnis die Postmoderne hinterlassen wird, wird sich zeigen. Wenn wir die inflationäre gegenwärtige Verwendung des Begriffs betrachten, darf vielleicht nicht allzu viel erwartet werden. Die zukünftige Relevanz poststrukturalistischer Theorie für anarchistische Politik wird davon abhängen, wie sehr ihre Ideen und Konzepte unsere Kämpfe inspirieren und unterstützen können. Dies hat weniger mit den immanenten Potentialen poststrukturalistischer Theorie zu tun als mit unserer Fähigkeit, sie zu unserem Leben in Beziehung zu setzen. Es folgen einige Aspekte poststrukturalistischen Denkens (in willkürlicher Reihenfolge), die mir nach wie vor vielversprechend erscheinen:[5]

5 Die Verbindungen zwischen poststrukturalistischer Theorie und radikaler Politik haben auch konkret biographische Dimensionen. Es ist eine der bedauerlichsten Konsequenzen der unreflektierten Vermischung von »postmodern« und »poststrukturalistisch«, dass beispielsweise das Bewerben von »postmodernen Shoppingzentren« die politische Glaubwürdigkeit poststrukturalistischer DenkerInnen in Frage stellt. Alle der genannten TheoretikerInnen wa-

1. Eine kompromisslose Wahrheitskritik bzw. eine Kritik des platonischen Totalitarismus.

2. Ein kompromissloses Bekenntnis zur Vielfalt bzw. der Entwurf entsprechender Ideen/Bilder/Konzepte: Rhizom, Bruch, Fluktuation, Fluchtlinie usw.

3. Eine umfassende Repräsentationskritik.

4. Eine Kritik des Subjekts, die uns von starren Identitätszuschreibungen befreit und Möglichkeiten öffnet, Subjektivitäten in selbstbestimmten Prozessen zu schaffen (die Unterscheidung zwischen »Subjekt« und »Subjektivität« scheint einer der am meisten missverstandenen Aspekte poststrukturalistischen Denkens zu sein).

5. Foucaults Machttheorie, die uns hilft, die Komplexität von Herrschaft, Unterwerfung und Kampf besser zu verstehen als herkömmliche Machtkonzepte, und die – richtig verstanden – neue solide und effektive Widerstandsformen ermöglicht, anstatt sie zu verhindern.

6. Foucaults Konzept der »spezifischen Intellektuellen«, die theoretische Arbeit als Beitrag zur Lösung konkreter Probleme sehen und nicht – im Gegensatz zu den »universellen Intellektuellen« – als Mittel, Praxis zu diktieren.

7. Das damit einhergehende Aufheben der Grenzen zwischen Theorie und Praxis, die Erstere zu einem inhärenten Teil des politischen Kampfes werden lässt.[6]

8. Die Schizoanalyse von Deleuze und Guattari, die die Psychoanalyse revolutioniert und sie – und damit unser Begehren – von systematischen Beschränkungen befreit.

9. Derridas Konzepte der *differánce* und der Dekonstruktion, die differenzierte Leseweisen des soziopolitischen Feldes sowie innovative Interventionen ermöglichen (unabhängig davon, wie oft sie heute als Rechtfertigungen für intellektuelle Aufgeblasenheit herangezogen werden).

---

ren politisch aktiv, und einige – vor allem Deleuze und Guattari, aber auch Foucault – in sehr radikalen Zusammenhängen; um einiges radikaler als die Zusammenhänge, in denen sich viele jener KritikerInnen bewegen, die den PoststrukturalistInnen jedweden revolutionären Charakter absprechen wollen. Eine Kritik bestimmter Theorien zu formulieren ist eine Sache – den Beitrag von GenossInnen zum politischen Kampf zu verleugnen eine andere.

6 Leider ist diese Theorieauffassung viel zu oft missbraucht worden, um abstrakte Wortkrämerei als »per se politisch« zu verklären. Wenn es keine unmittelbare Verbindung zu konkreten Kämpfen gibt, ist Theorie politisch entweder irrelevant oder gefährlich. Dies war schon immer so und ändert sich auch in postmodernen Zeiten nicht. Trennungen zwischen Theorie und Praxis werden nicht dadurch überkommen, dass Theorie als politisch etikettiert wird – sondern dadurch, dass sie politisch gemacht wird.

10. Die Betonung des Minoritären als revolutionärem Element, was erstens der Bedeutung jener Rechnung trägt, die von den traditionellen »revolutionären Subjekten« der orthodoxen Linken ausgeschlossen blieben, und uns zweitens daran erinnert, dass Gemeinschaften immer der Impulse ihrer Minoritäten bzw. ihrer minoritären Elemente bedürfen, um träge und gefährliche Selbstgenügsamkeit zu vermeiden.
11. Das Konzept der »nomadischen Einheit« der Kämpfe von Deleuze und Guattari (und, wenn wir vor martialischer Terminologie nicht zurückschrecken, ihr Konzept der »nomadischen Kriegsmaschine«), das ein vielfältiges, flexibles und entschlossenes Widerstandsnetz umreißt, von dem anarchistische Politik nur profitieren kann (und das einigen der härtesten anarchistischen KritikerInnen des Poststrukturalismus Freude bereiten sollte – zum Beispiel den PrimitivistInnen von *Green Anarchy*).
12. Die Konzentration auf direkte, unmittelbare Kämpfe bzw. darauf, in Kämpfe verwickelte Menschen ihren Wünschen gemäß zu unterstützen, anstatt die Leitung dieser Kämpfe zu beanspruchen.
13. Der affirmative Charakter des Denkens und Handels bzw. die Betonung von Kreativität anstelle von kleinkrämerischer Kritik.
14. Eine Radikalität des Denkens, die auf eine unbarmherzige Analyse – und, wenn nötig, Zerstörung – gegenwärtiger Denkgrundlagen abzielt.

Diese Liste ist notwendigerweise unvollständig, vereinfacht und grob. Ihre einzige Absicht ist es, zu weiterer Lektüre, Reflexion und Debatte anzuregen; sowohl um unsere Kämpfe zu stärken als auch (was letztlich auf dasselbe hinausläuft) um das radikale – wenn wir wollen, anarchistische – Vermächtnis der sogenannten poststrukturalistischen DenkerInnen zu bewahren.

Literatur

Albert, Michael (o. J.). Post-Modernism. Abgerufen: 12. Dezember 2007, http://www.zmag.org/zmag/articles/albertold10.htm.

Bibliothek der Freien (2005). Interview mit den BetreiberInnen des Buchladens *Rhizom*. Archiviert.

Bey, Hakim (1991). *T.A.Z.: The Temporary Autonomous Zone, Ontological Anarchy, Poetic Terrorism*. Brooklyn: Autonomedia [dt. *T.A.Z., Die Temporäre Autonome Zone*, Berlin/Amsterdam: Edition ID-Archiv 1994].

Call, Lewis (2001). *Postmodern Anarchism*. Lanham: Lexington Books.

Carter, John and Dave Morland (2004): Anti Capitalism: are we all anarchists now? In *Anti-Capitalist Britain*, edited by John Carter and Dave Morland. Cheltenham: New Clarion Press.

Cohn, Jesse (2002). What is Postanarchism »Post«?. Abgerufen: 8. Dezember 8, 2006, www3.iath.virginia.edu/pmc/text-only/issue.902/13.1cohn.txt.

Cohn, Jesse and Shawn P. Wilbur (2003): What's Wrong With Postanarchism? Abgerufen: 8. Dezember 2006, www.anarchist-studies.org/article/view/26/.

CrimethInc. (2002). *fighting for our lives: an anarchist primer*. Olympia: Free Press.

Day, Richard J. F., *Gramsci Is Dead: Anarchist Currents in the Newest Social Movements*. London/Toronto: Pluto Press/Between the Lines 2005.

Graeber, David (2002). The New Anarchists. *New Left Review* 13, January-February, S. 61-73.

Green Anarchy Collective (2004). What Is Green Anarchy? An Introduction to Anti-Civilization Anarchist Thought and Practice (Back to Basics volume four), *Green Anarchy* #17, Summer 2004.

Hardt, Michael and Antonio Negri (2000). *Empire*. Cambridge: Harvard University Press [dt. *Empire. Die neue Weltordnung*. Frankfurt: Campus 2002].

Koch, Andrew M. (1993). Poststructuralism and the Epistemological Basis of Anarchism. *Philosophy of the Social Sciences*, Vol. 23 No. 3, September, S. 327-351.

Koch, Andrew M. (2007). Poststructuralism and the Politics of Method. Lanham, MD: Lexington Books.

Lyotard, Jean-François (1979), *La condition postmoderne*. Paris: Les Editions de Minuit [dt. *Das postmoderne Wissen*. Graz/Wien: Böhlau/Passagen 1986].

Marti, Urs (1988). *Michel Foucault*. München: Beck.

May, Todd (1989). Is Post-Structuralist Political Theory Anarchist? *Philosophy and Social Criticism*, Vol. 15, No. 2, S. 167-182.

May, Todd (1994). *The Political Philosophy of Poststructuralist Anarchism*. University Park, PA: The Pennsylvania State University Press.

Morland, Dave (2005). Anti-capitalism and poststructuralist anarchism. In *Changing anarchism: Anarchist theory and practice in a global age*, edited by Jonathan Purkis and James Bowen. Manchester: Manchester University Press.

Mümken, Jürgen (2005). Einführung zu *Anarchismus in der Postmoderne*, herausgegeben von Jürgen Mümken. Frankfurt/Main: Edition AV.

Newman, Saul (2001). *From Bakunin to Lacan: Anti-Authoritarianism and the Dislocation of Power*. Lanham, MD: Lexington Books.

Newman, Saul (2003a). The Politics of Postanarchism. Abgerufen: 8. Dezember 2006, http://www.anarchist-studies.org/article/articleprint/1/-1/1/.

Newman, Saul (2003b). Interview mit Siyahi Interlocal. Abgerufen: 8. Dezember 2006, http://community.livejournal.com/siyahi/.

Newman, Saul (2007). Anarchism, Poststructuralism, and the Future of Radical Politics. *SubStance*, Issue 113 (Vol. 36, No. 2), S. 3-19.

Starhawk (2004). RNC Update Number Two: Power and Anarchy. Abgerufen: 9. Dezember 2007, http://www.starhawk.org/activism/activism-writings/RNC_update2.html.

VAL (1992). Liebe, Krieg und Alltag. In *Feuer und Flamme 2. Kritiken, Reflexionen und Anmerkungen zur Lage der Autonomen*, herausgegeben von Geronimo et al.: Berlin: Edition ID-Archiv.

Zabalaza Anarchist Communist Federation (2003). »Sucking the Golden Egg: A Reply to Newman,« Abgerufen: 8. Dezember 2006, www.anarchist-studies.org/article/view/26/.

Zerzan, John (1991). The Catastrophe of Postmodernism. *Anarchy: A Journal of Desire Armed* #30, Fall, S. 16-25.

»Neuer Anarchismus«

Diskussionen zum Anarchismus haben sich in Folge der Anti-WTO-Proteste in Seattle 1999 wesentlich geändert. Dies spiegelt sich in den Medien und der akademischen Welt ebenso wider wie in unseren Alltagsdiskursen und Debatten innerhalb der anarchistischen Bewegung. In diesem Kontext stoßen wir vielfach auf den Begriff des »Neuen Anarchismus«.[1] Das sagt allerdings wenig über seinen Wert aus. Vier Jahre nach Seattle kann eine entsprechende Analyse erst beginnen. Die folgenden Ausführungen wollen einen bescheidenen Beitrag dazu leisten. Sie werden sich im Besonderen auf zwei Aspekte konzentrieren: den spezifisch US-amerikanischen[2] Charakter des Neuen Anarchismus und das Verhältnis zwischen dem »Neuen« und dem sogenannten »klassischen« Anarchismus.

Der »Neue Anarchismus« als US-amerikanisches Phänomen

Meine Aktivitäten in anarchistischen Zusammenhängen begannen als Schüler in Österreich 1989. Ich erwähne dies nicht, um diesem Text eine unnötige persönliche Dimension zu verleihen, sondern weil mein europäischer Hintergrund und meine politische Sozialisierung in der autonomen Bewegung der 1980er und 90er Jahre von wesentlicher Bedeutung für die hier formulierten Perspektiven sind.
Der Neue Anarchismus ist zum Großteil eine US-amerikanische Erfindung. Ich sage das weder, um US-amerikanischen GenossInnen zu schmeicheln, noch, um das Phänomen zu diskreditieren. Es ist jedoch von Relevanz für die Auseinandersetzung mit ihm. Der US-

---

1 Ich beziehe mich hier nicht spezifisch auf David Graebers *New-Left-Review*-Artikel »The New Anarchists«, sondern auf die allgemeine Anwendung des Begriffs innerhalb der gegenwärtigen anarchistischen Szene. [*GK, 2009*: Andrej Grubacic, der viel mit Graeber zusammengearbeitet hat, ist einer der TheoretikerInnen, die den Begriff nach wie vor positiv besetzen. Siehe zum Beispiel das gemeinsam mit Staughton Lynd herausgegebene Buch *Wobblies and Zapatistas: Conversations on Anarchism, Marxism and Radical History* (2008).]

2 Die Entscheidung, von einem US-amerikanischen oder einem nordamerikanischen Phänomen zu sprechen, ist nicht einfach zu treffen. Auf der einen Seite darf die anarchistische Bewegung in Kanada, auch in ihrem Einfluss auf die USA, nicht übersehen werden. Auf der anderen Seite wird vieles von dem, was hier besprochen wird, tatsächlich US-spezifisch sein. In diesem Sinne würde »Nordamerika« Kanada hier einmal mehr in vieles mit einschließen, das letztlich nur für die USA gilt. In diesem Sinne habe ich mich für das Attribut »US-amerikanisch« entschieden. Es bleibt anderen überlassen zu entscheiden, in welchem Maße das hier Formulierte auch auf Kanada zutrifft.

amerikanische Bezug beginnt mit den Anti-WTO-Protesten in Seattle 1999, die im Allgemeinen als Geburtsstunde des Neuen Anarchismus gelten. Die US-amerikanische Prägung der Proteste spiegelte sich ebenso in deren Charakter (Präsentation, Inszenierung, Drama) wie in ihrer medialen Aufarbeitung wider. Die bürgerlichen Medien konzentrierten sich dabei in gewohnter Manier auf die Gleichsetzung von Anarchismus mit Gewalt (bzw. mit dem, was bürgerliche Medien darunter verstehen). So richtete sich ihre Aufmerksamkeit im Besonderen auf die Aktivitäten des Schwarzen Blocks. Ebenso gewohnt waren die darauf folgenden Reaktionen selbsterklärter pazifistischer AnarchistInnen, die nicht müde wurden, sich von den Aktivitäten des Schwarzen Blocks zu distanzieren und zu erklären, wie sehr sie sich selbst von diesem unterschieden. Dies führte zu einer Reihe öffentlicher Debatten, in deren Zuge AnarchistInnen – ob nun »gewalttätig« oder »pazifistisch« – zum neuen Prototyp radikaler politischer AktivistInnen wurden.
Sobald sich alle darauf geeinigt hatten, dass AnarchistInnen genauso militant wie friedfertig sein können, dass sie schwarze Masken genauso wie bunte Hippie-Shirts tragen, in besetzten Häusern wie in ländlichen Kommunen leben, Arbeit verweigern wie sich ihr Brot als LehrerInnen verdienen, avancierte der Begriff »Anarchist/in« zum Label für alle, die sich politisch links[3] von Al Gore (oder zumindest Ralph Nader) zu befinden schienen. Radikale AktivistInnen akzeptierten dies weitgehend. Nicht zuletzt deshalb, weil radikale Selbstbezeichnungen wie »*red*« oder »marxistisch« vielfach als veraltet betrachtet wurden, während eine anarchistische Identität verhältnismäßig unbelastet schien. ReporterInnen diente das anarchistische Label als Spannung versprechender Aufhänger. Alle wirkten zufrieden. Von Boston bis Berkeley entstanden anarchistische Lesekreise, anarchistische Gedichtabende, anarchistische Radiosendungen, anarchistische Teach-Ins, anarchistische Garten-Workshops und anarchistische Kochkurse. AnarchistInnen waren plötzlich überall. Floskeln wie »Hallo, ich bin David, ein Anarchist…« oder »Wir als AnarchistInnen…« oder »Anarchistisch gesprochen…« wurden zu Gemeinplätzen. Damit einhergehend verzehnfachten sich die Artikel zum Anarchismus in den bürgerlichen Medien. In der akademischen Welt kam es zu ähnlichen Entwicklungen. Kurz, dank einer gemeinsamen Anstrengung von AktivistInnen, JournalistInnen und

---

3 Auch wenn sich heute viele US-AnarchistInnen entschieden von der Linken distanzieren – dazu später mehr.

AkademikerInnen wurde der Anarchismus quasi über Nacht von seiner Obskurität befreit und zu einem Allerweltsbegriff.
Auch wenn sich diese Entwicklung zu einem gewissen Grad weltweit reproduzierte, war sie vor allem in den USA zu beobachten. In Europa beispielsweise änderten sich die anarchistische Szene und ihre Rolle im allgemeinen politischen Kontext weit weniger dramatisch. Dafür scheint es mehrere Gründe zu geben:
1. Die »Gesellschaft des Spektakels« hat in den USA andere Entwicklungsstufen erreicht als auf dem europäischen Kontinent. Die potentielle Kommodifizierung aller gesellschaftlichen Erscheinungsformen ist nicht in gleichem Maße ausgeprägt. In diesem Sinne müssen die »Neuen AnarchistInnen« auch als popkulturelle HeldInnen analysiert werden, die kapitalistischen Vereinnahmungsstrategien unterliegen.
2. US-amerikanische AkademikerInnen arbeiten unter viel mehr Leistungs- und Publikationsdruck als ihre europäischen KollegInnen. Sie sind in anderem Maße verpflichtet, »produktiv« und »originell« zu sein. Die Versuchung, popkulturelle Phänomene akademisch auszubeuten, ist damit weit stärker. Ich wage zu behaupten, dass die meisten europäischen Intellektuellen das, was in den USA heute als »anarchistische Forschung« (oder »Forschung zum Anarchismus«) präsentiert wird, kaum ernst nehmen würden. Das bedeutet nicht, dass sie dazu unbedingt Grund haben. Doch sie würden es tun.
3. Trotz radikaler linker Massenbewegungen in den USA Ende des 19. und zu Beginn des 20. Jahrhunderts[4] gibt es in anderen Kontinenten, beispielsweise in Europa, eine lebendigere linke Tradition. In den USA ist es daher um einiges leichter, alle mit dieser Tradition verbundenen Labels – vom harmlosen »Sozialist« bis zum bedrohlichen »Maoist« – abzulegen. Dies gilt nicht nur für Konservative und Liberale, sondern auch für radikale AktivistInnen, von denen heute viele stolz darauf sind, »anti-links« zu sein. Dies ist in gleicher Form in Europa undenkbar. Obwohl auch dort der Zusammenbruch der staatssozialistischen Systeme drastische Auswirkungen auf die radikale politische Szene hatte, erfuhren linke Etikettierungen eher Neudefinition als Abwertung. Viele Radikale blieben »SozialistInnen«, »MaoistInnen«, »Autonome« usw., und es fehlte das Vakuum an

4 Natürlich gab es auch linke Elemente in den Protestbewegungen der 1960er Jahre, etwa innerhalb der Students for a Democratic Society (SDS), der Black Panther Party oder der Weathermen. Doch waren die Bewegungen insgesamt Teil einer breiten kulturellen Revolution. Sie wurden weder von der ArbeiterInnenklasse getragen noch hatten sie einen speziellen Fokus auf die soziale Frage.

radikalen Selbstbezeichnungen, das der Anarchismus in den USA zu füllen imstande war.

4. Was auch immer Leute von John Zerzan und der anarcho-primitivistischen Szene halten mögen – ideologisch oder was ihren tatsächlichen Stellenwert innerhalb der anarchistischen Bewegung betrifft –, so fällt es schwer zu leugnen, dass diese einen starken Einfluss auf die wiedergewonnene Popularität des Anarchismus in den USA ausübte. Wäre es ein paar Monate vor Seattle nicht in Eugene, dem Zentrum der anarchoprimitivistischen Bewegung, zu militanten Auseinandersetzungen zwischen AnarchistInnen und Polizeikräften gekommen, wäre das anarchistische Label wohl weniger schnell zur Hand gewesen, um den Schwarzen Block damit zu betiteln. Anders gesagt: wenn das Bild der gefährlichen, maskierten, schwarz gekleideten und gewalttätigen AnarchistInnen nicht schon vor Seattle auf dem medialen Radar registriert worden wäre, hätte Seattle vielleicht nie einen Neuen Anarchismus geboren. Es mag stimmen, dass die PrimitivistInnen nie mehr als eine kleine Minderheit innerhalb der gesamten anarchistischen Bewegung in den USA waren; allerdings sind sie zweifelsohne seit einiger Zeit deren lauteste Fraktion. In einer Gesellschaft, in der viel darauf aufbaut, laut zu sein, ist das viel wert – auch unter radikalen AktivistInnen.

»Neuer« vs. »klassischer« Anarchismus

In den 1990er Jahren war es etwas Außergewöhnliches, in anarchistischer Politik tätig zu sein. Die Szene ähnelte oft einem sozialen Ghetto, das lächerlich gemacht oder gehasst wurde, selbst von anderen radikalen, nicht-anarchistischen, AktivistInnen. Im besten Fall wurden AnarchistInnen als unheilbare IdealistInnen und TräumerInnen gesehen. Mit der möglichen Ausnahme einiger Länder, in denen historische Kämpfe dem Anarchismus in radikalen Kreisen zumindest eine gewisse Anerkennung gebracht hatten (Spanien und Griechenland mögen die bekanntesten Beispiele sein), sahen viele GenossInnen in breiteren politischen Koalitionen oft davon ab, sich überhaupt als AnarchistInnen zu bezeichnen, um nicht von vornherein abgeurteilt zu werden. Im deutschsprachigen Raum war es beispielsweise immer sicherer, sich als »autonom« anstatt als »anarchistisch« zu bezeichnen – auch wenn autonome Politik seit jeher starke anarchistische Züge trug. Natürlich gibt es dafür eine Reihe historischer Gründe, doch scheint es im Rahmen dieses Aufsatzes nicht wesentlich, diese nachzuzeichnen. Wesentlich scheint, sich an die isolierten und

selbstbezogenen Räume zu erinnern, in denen wir uns als AnarchistInnen in den 1990er Jahre befunden haben.
Wie oben dargestellt, hat sich dies seit November 1999 drastisch geändert, vor allem in den USA. AnarchistInnen scheinen endlich Beachtung gefunden zu haben. Lange Jahre war dies von anarchistischen Kreisen eingefordert worden. Gleichzeitig wurde die gesellschaftliche AußenseiterInnenrolle stark internalisiert. Dies erklärt zumindest zum Teil, warum einige ältere AnarchistInnen ihrer neu gewonnenen Popularität überraschend wenig abgewinnen konnten. In manchen Fällen kam es sogar dazu, dem Neuen Anarchismus seine anarchistische Identität abzusprechen. Unter anderem wurde als Beleg dafür seine relative Popularität genannt. Dies mag ironisch erscheinen, sollte es doch das Ziel einer jeden sozialen Bewegung sein, an Popularität zu gewinnen. Es wirkt jedoch so, dass in manchen Fällen die Internalisierung der anarchistischen AußenseiterInnenrolle so weit gegangen ist, dass Leute begannen, sich im überschaubaren Kreis ihrer gesellschaftlichen Randgruppe wohl und geborgen zu fühlen. Zudem garantierte die Zugehörigkeit zu diesem exklusiven Kreis Bewusstsein, Tugendhaftigkeit und Radikalität in einer Welt gehirngewaschener IdiotInnen. Die damit verbundene Logik, dass alles Populäre verdächtig ist, setzt sich nunmehr fort: nachdem der Neue Anarchismus eine erstaunlich große Zahl an Menschen anspricht, kann er kein richtiger Anarchismus sein.
In ihren vulgärsten Versionen müssen solche Vorbehalte kaum ernst genommen werden. Radikaler Eitelkeit darf nicht erlaubt werden, unsere Politik zu bestimmen. Gleichzeitig scheinen manche Sorgen in Bezug auf den inflationären Gebrauch des Begriffs »Anarchismus« berechtigt. Dieser ist in der Tat fähig, politische Inhalte so sehr zu verwässern, dass jede revolutionäre Substanz verloren geht. Wenn der Anarchismus zu einer MTV-Fashion-Show verkommt, mag es tatsächlich angebracht sein, sich nach neuen Begriffen umzusehen, um sich als radikale antiautoritäre Bewegung zu positionieren. Solange es jedoch eine starke und selbstbewusste anarchistische Bewegung gibt, scheint mir diese Gefahr gering. Dann nämlich wird der Anarchismus niemals vollständig zu einer MTV-Fashion-Show verkommen (genauso wenig wie Punk trotz Offspring oder Blink 182 dazu verkam). Es ist unmöglich zu bestimmen, wo genau hier die Grenzen verlaufen, und alle AnarchistInnen müssen das für sich selbst klären. Persönlich denke ich, dass wir noch immer weit davon entfernt sind. Es gibt nach wie vor zu viel an »echtem« anarchisti-

schem Geist, um unsere Identität gänzlich an den Feind verlieren zu können, so hinterhältig seine Versuche auch sein mögen.

Die inhaltliche Debatte zwischen »klassischen« und »Neuen« AnarchistInnen lässt sich vielleicht am besten anhand jener Punkte nachzeichnen, die regelmäßig herangezogen werden, um das Attribut »neu« in Zusammenhang mit dem post-Seattle-Anarchismus zu rechtfertigen:

1) Der Neue Anarchismus ist ahistorisch. Obwohl es hie und da zu Bezügen auf Bakunin oder Kropotkin kommt, Sacco & Vanzetti oder Emma Goldman ikonische Verehrung erfahren und die anarchistischen Heldentaten des Spanischen Bürgerkriegs gefeiert werden, widmet sich die neuanarchistische Szene kaum ausführlichen Studien anarchistischer Geschichte oder klassischer anarchistischer Theorie. Ein Grund dafür ist die oben erwähnte Zurückweisung »linker« Tradition, zu der viele den klassischen Anarchismus rechnen. Ein weiterer Grund mag in der einfachen Tatsache zu finden sein, dass die meisten Neuen Anarchisten sehr jung sind (großteils unter 25) und – wie viele ihrer AltersgenossInnen – glauben, alles – in diesem Fall den Anarchismus – neu erfunden zu haben. Schließlich könnte freilich auch behauptet werden, dass der US-Gesellschaft allgemein ein ahistorischer Zug innewohnt – doch würde diese Diskussion hier zu weit führen.

2) Der Neue Anarchismus ist anti-links. Wie bereits erwähnt wurde, ist die jüngere linke Tradition in den USA bei weitem schwächer als in anderen Kontinenten und es fällt leicht, sie abzuwerten und für irrelevant zu erklären. Zwar gab es immer Strömungen des Anarchismus, die sich außerhalb des politischen Links-Rechts-Schemas einordneten und sich explizit gegen sozialistische Politik wandten, doch waren auch diese vorwiegend US-amerikanisch: von Benjamin Tucker zu quasi-anarchistischen Militias. Wiederum drängt sich die Frage auf, ob der darin zum Ausdruck kommende Individualismus ein besonderes Kennzeichen US-amerikanischer Gesellschaft ist (der im Extremfall zu Sozialdarwinismus führt), doch würde auch diese Diskussion zu weit führen. Festzuhalten bleibt, dass etwa im europäischen Kontext AnarchistInnen praktisch immer als Teil der Linken gesehen wurden, seit der Anarchismus als politische Bewegung des 19. Jahrhunderts versuchte, die soziale Frage mit radikaldemokratischen Mitteln zu beantworten. Bei allen Neudefinitionen, welche die Linke seither erlebte, hat sich daran wenig geändert. Ich denke, dass es sehr wenige europäische AnarchistInnen gibt, die viel Zeit und Energie dafür aufwenden würden, sich leidenschaftlich

von der Linken zu distanzieren, auch wenn einige Kritik an vereinfachten Links-Rechts-Kategorisierungen und Aspekten der traditionellen Linken üben mögen. Die Identifizierung mit der Linken wirkt alles in allem unverändert stark – und ist oft genug mit einem gewissen Stolz verbunden. In diesem Sinne wirkt die »post-linke« oder »antilinke« Kritik vieler US-AnarchistInnen für europäische AktivistInnen oft sehr vereinfacht: es scheint so, als würde die »Linke« gleichsetzt mit dem, was viele schlicht als »Stalinismus« bezeichnen würden: institutionalisierte Autorität, Unterdrückung, Brutalität, Totalität, Diktatur, Intoleranz, Bürokratie usw. Würde dies wirklich die Linke als Ganze definieren, wäre es wohl schwierig, überhaupt irgendwelche AnarchistInnen zu finden, die sich mit ihr identifizieren würden.

In dem politischen Kontext, in dem ich sozialisiert wurde, war die Linke immer komplex und vielfältig. Das allen linken Gruppierungen Gemeinsame war das Bekenntnis, eine Gesellschaft Gleicher ohne hierarchische Strukturen und ohne Grundlage für Unterdrückung und Ausbeutung zu schaffen; das Bekenntnis zu Gemeinschaftsformen, die den Einzelnen erlauben, sich als einzigartiges Wesen frei zu entfalten, und in der die Solidarität mit Anderen als Bedingung für diese Entfaltung verstanden und geschützt wird. Das war es, was Links-Sein immer für mich bedeutete – und es war gleichzeitig das, wofür alle AnarchistInnen, die ich jemals traf, kämpften. Insofern schien die Verbindung einer anarchistischen und einer linken Identität immer selbstverständlich – und dies ist nach wie vor der Fall.

Natürlich gab es immer nicht-anarchistische Linke (leider mehrheitlich), die andere Vorstellungen davon hatten, wie die oben erwähnten Gemeinschaftsformen zu erreichen sind. Während AnarchistInnen an dezentralisierten, außerparlamentarischen, autonomen, unabhängigen und selbstbestimmten Widerstand glaubten, verlangten diese (in unterschiedlichem Grad) Organisation, Disziplin, Kontrolle, Schulung und Bevormundung. Doch bedeutete dies nie, dass AnarchistInnen deshalb weniger links waren. Es bedeutete nur, dass es nicht-autoritäre und autoritäre Linke gab. Das war alles. Und in meiner Wahrnehmung hat sich daran bis heute wenig geändert.

3) Der Neue Anarchismus ist ein Lifestyle-Anarchismus. Sowohl »neuanarchistische« AktivistInnen als auch deren KritikerInnen verwenden den Begriff des Lifestyle-Anarchismus gerne, um den Neuen Anarchismus vom Sozialanarchismus abzugrenzen, der für den klassischen Anarchismus – trotz der Existenz anderer Zweige – charakteristisch war. Wenn Sozialanarchismus mit einer Affinität für marxistische Klassenanalyse und mit einer Fokussierung auf ökonomische

Widersprüche verknüpft wird, dann mag diese Beschreibung zutreffen; vor allem dann, wenn im Gegensatz dazu Lifestyle-Anarchismus für den Glauben steht, dass gesellschaftliche Transformation mit Änderungen unseres Alltags beginnt, etwa damit, vegan zu essen, eigenes Gemüse anzubauen, Nike zu boykottieren, Organisationsformen auf kleine, überschaubare Kollektive zu beschränken usw. Dies beschreibt den Aktivismus vieler Neuer AnarchistInnen tatsächlich besser als Arbeitsplatzkämpfe (auch wenn diese nicht vollständig fehlen).

Insgesamt lässt sich der Konflikt zwischen klassischem und Neuem Anarchismus vielleicht so zusammenfassen: einerseits der Anspruch, eine 150-jährige antiautoritäre politische Tradition weiterzuführen – andererseits der Ehrgeiz, Anarchismus als Bewegung einer neuen Generation neu zu bestimmen; einerseits eine Identifikation mit linker Politik, die auch strategische Koalitionen mit nicht-anarchistischen Linken erlaubt – andererseits eine militant anti-linke Haltung, der zufolge Linke ein ebenso integraler Bestandteil des zu bekämpfenden Systems sind wie bürgerliche PolitikerInnen oder KapitalistInnen; einerseits das Festhalten an den ideologischen Wurzeln der ArbeiterInnenbewegung und des Klassenkampfes – andererseits eine »Politisierung des Privaten« als wesentliches Moment des revolutionären Kampfes.

Persönlich sitze ich hier zwischen den Stühlen. Ich habe klassische anarchistische Texte immer gerne gelesen und finde die anarchistische Geschichte faszinierend – gleichzeitig habe ich mich immer entschieden gegen GenossInnen gewandt, die dies als notwendige Voraussetzung für eine anarchistische Identität erachteten oder sich über jene lustig machten, die »handelten, ohne zu denken«. Ich fühle mich der Linken und ihrem historischen Projekt verbunden – gleichzeitig war ich nie bereit, mich irgendeiner politischen Organisation anzuschließen, noch nicht einmal der Fachschaftsliste, die anarchistische GenossInnen mit anderen Linken an meiner Uni gründeten. Ich werde ausgesprochen wütend, wenn sich AktivistInnen über Klassenkampftheorien als »veraltetes marxistisches Zeugs« mokieren – gleichzeitig habe ich Lifestyle-AnarchistInnen immer gegen die Anklagen verteidigt, »unpolitisch« oder »bourgeois« zu sein. Ich werde versuchen, dies entlang der oben genannten Attribute des Neuen Anarchismus etwas näher zu erklären:

ad 1) Der Neue Anarchismus ist ahistorisch: Es scheint unbestreitbar, dass das Studium anarchistischer Geschichte gegenwärtigen Aktivismus inspirieren kann, Anlass zu wichtiger theoretischer Reflexion gibt und es ermöglicht, eigene Kämpfe in historischer Perspektive zu sehen. Gleichzeitig darf dieses Studium nicht zu einer Bedingung dafür werden, als »GenossIn« Anerkennung zu finden. Vielfalt ist einer der wichtigsten Aspekte des Anarchismus. Dies bedeutet auch, dass es eine Vielfalt an Interessen, Bedürfnissen, Orientierungen und Prioritäten anarchistischer GenossInnen geben muss.

Was in Zusammenhang mit dem Studium anarchistischer Geschichte von besonderer Bedeutung zu sein scheint, ist die Anerkennung der Arbeit früherer Generationen. Viele GenossInnen haben Blut, Schweiß und Tränen, manchmal auch ihr Leben, für den Anarchismus gegeben. Dies verlangt Achtung und Respekt, auch wenn sich die Inhalte und Ausdrucksformen des Kampfes mit der Zeit ändern mögen. Wir alle stehen auf den Schultern dieser GenossInnen, und Unterscheidungen in »klassisch« oder »neu« machen in diesem Kontext wenig Sinn. Wenn wir die Ideen und Taten früherer AnarchistInnen nicht studieren wollen, so müssen wir die Freiheit haben, dies nicht zu tun. Dies ist jedoch kein Grund dafür, ihnen nicht die Anerkennung zukommen zu lassen, die sie verdienen. Forderungen wie jene, sich nicht dauernd um *»some dead European dudes«* zu kümmern, mögen ihre humoristischen Dimensionen haben, aber zu guter Letzt sind sie prätentiös und dumm – und darüber hinaus (in vielerlei Hinsicht) kontraproduktiv. Zumindest dann, wenn wir uns eine intellektuell offene und stimulierende Bewegung wünschen...

ad 2) Der Neue Anarchismus ist anti-links: Die Debatte um die Linke bzw. Anti-Linke scheint mir vor allem ein Streit um Worte zu sein. Als solchen halte ich ihn nicht für besonders wichtig. Wenn hier gewisse definitorische Fragen einmal geklärt würden, bliebe meines Erachtens wenig an inhaltlichen Reibungspunkten. Ich gehe davon aus, dass alle AnarchistInnen die autoritäre Linke ablehnen. Was manche dann als die »antiautoritäre Linke« definieren und andere als die »Post-Linke« oder »Anti-Linke« ist in vielen Fällen identisch. Wer will sich über Etikette streiten?

Der problematischste Aspekt der Debatte scheint mir in der Aufmerksamkeit zu liegen, der ihr von manchen, vor allem Anti-Linken, zugeschrieben wird. Für diese scheinen »Linke« oft die schlimmsten aller Feinde zu sein; schlimmer noch als die bürgerlichen PolitikerInnen oder KapitalistInnen – schlimmer vielleicht sogar als die extreme Rechte. Wohin soll das führen? Gibt es wirklich keinen Unterschied zwischen Skinheads und pazifistischen BibliothekarInnen, die Rosa Luxemburg lesen? Eine solche Haltung kann nur zur Isolation einer angeblich überlegenen revolutionären Avantgarde führen, die sich den Massen in einem Ausmaß entfremdet, das ihnen zum Schluss überhaupt keine Rolle in deren Befreiung mehr zukommen lässt – interessanterweise genau das, was der Linken so oft vorgeworfen wird. Außerdem ist eine derart undifferenzierte Sichtweise schlicht engstirnig und ungerecht. Wie können wir ernsthaft einen rassistischen Schläger, einen faschistischen Parteiführer oder einen steinreichen Konzernleiter in die gleiche Schublade wie einen Wobbly stecken? Es ist gut, kritische Debatten zu führen – manchmal auch über Wörter und Definitionen. Aber ab einem bestimmten Punkt muss die Bedeutung solcher Debatten für die Bewegung in Frage gestellt werden. Wenn 90% unserer Zeit und Energie dazu verwendet werden, Linke bzw. linke Strohmänner zu bekämpfen, wo soll sich die Bewegung dann hinbewegen? Wie soll es zu Gefühlen von Zusammenhalt und gemeinsamer Stärke kommen? Es ist einer der bedauerlichsten Aspekte linker Geschichte, dass sektiererische Tendenzen und Fraktionskämpfe das Wachstum und die Entwicklung linker Bewegungen verhindert, sie gespalten und geschwächt und ihres revolutionären Potentials beraubt haben. Warum sollte »Anti-Linken« erlaubt werden, in der anarchistischen Bewegung dasselbe zu tun?

ad 3) Der Neue Anarchismus ist ein Lifestyle-Anarchismus: Im Gegensatz zu vielen anderen denke ich, dass sich der Konflikt zwischen Sozialanarchismus und Lifestyle-Anarchismus durchaus auflösen lässt. Auch hier scheint viel von definitorischen Fragen abzuhängen. Wenn Sozialanarchismus ökonomischen Reduktionismus bedeutet, mag er tatsächlich unzureichend sein im Kampf gegen ein System, dessen Unterdrückungs- und Ausbeutungsformen enorm vielfältig sind. Zudem scheint es selbstverständlich, dass Änderungen individueller Lebensgestaltung ein wesentlicher Teil jedes Kampfes für gesellschaftlichen Wandel sein müssen. Aber bedeutet dies, dass wir uns von den historischen Kämpfen der ArbeiterInnenklasse distanzieren müssen – und damit auch das revolutionäre Wissen preisgeben, das in diesen Kämpfen erworben wurde? Ich denke kaum. Weit vielversprechender scheint es zu sein, den historischen Kampf zwischen den Klassen in unsere individuellen Bemühungen um Änderung zu integrieren. Nicht zuletzt, um persönlichen Rückzug und bürgerliche Isolation zu vermeiden – zweifelsohne die größten Gefahren des Lifestyle-Anarchismus.

Ein möglicher Kompromiss zwischen »klassischen« und »Neuen« AnarchistInnen könnte wie folgt aussehen: Klassische AnarchistInnen akzeptieren, dass die anarchistische Bewegung in den letzten Jahren wesentliche Änderungen durchgemacht hat; Änderungen,

die notwendigerweise die Art, wie AnarchistInnen wahrgenommen werden, verändert haben, aber auch das Selbstbild vieler AnarchistInnen. Darüber hinaus akzeptieren klassische AnarchistInnen, dass niemand ein Monopol auf die »richtige« Definition des Anarchismus hat und dass unterschiedliche Auslegungen und historische Wandlungen der Bewegung nur Gutes tun können. In diesem Sinne sollten die jüngeren Entwicklungen nicht als Störung, sondern als Herausforderung begriffen werden.
Gleichzeitig zeigen Neue AnarchistInnen der anarchistischen Geschichte gegenüber Respekt und vermeiden, den Anarchismus zu einer bloßen Modeerscheinung verkommen zu lassen. Sie verpflichten sich dazu, die politischen Inhalte des Begriffs zu verteidigen und nicht allzu leichtfertig mit diesem umzugehen.
Wenn diesen einfachen Zugeständnissen Folge geleistet wird, sollten alle AnarchistInnen – »klassisch« oder »neu« – in einer starken Bewegung zusammenfinden können. Gemeinsam würden sie die anarchistische Tradition aufrechterhalten und ihre Dynamik und Wandlungsfähigkeit unter Beweis stellen, ohne dabei die Stärke historischer Kontinuität zu verleugnen. Dies wäre nicht zuletzt auch das wirksamste Mittel gegen die mediale und kommerzielle Sinnentleerung des Anarchismus, die heute manche befürchten.

Militanz und Schwarze Blöcke

Zur Terminologie: In diesem Text wird der Begriff »pazifistisch« verwendet, um eine Ablehnung von Sachbeschädigung und körperlichen Angriffen gegen Sicherheitskräfte im Rahmen politischer Proteste zu bezeichnen. »Militant« bezeichnet die Anwendung solcher Mittel bzw. die Bereitschaft, sie anzuwenden. »Schwarzer Block« bezeichnet eine Gruppe Militanter, die maskiert, meist schwarz gekleidet und manchmal bewaffnet an Demonstrationen teilnehmen. Ich bin mir im Klaren darüber, dass es eine Reihe möglicher Interpretationen dieser Begriffe gibt. Die hier gewählten sollen mir erlauben, das, was ich sagen will, so gut wie möglich zu sagen. Ich beziehe mich dabei ausschließlich auf kollektiven Straßenprotest. Die Militanz klandestiner Gruppen steht hier nicht zur Debatte.

Die Militanz einiger DemonstrationsteilnehmerInnen bei den Anti-WTO-Protesten in Seattle 1999 erregte enormes Medieninteresse. Seither gibt es innerhalb der Antiglobalisierungsbewegung eine nicht enden wollende Debatte zur Legitimation und zum Nutzen von militantem Widerstand im Kampf gegen die politischen und ökonomischen Mächte. Oft verfangen sich die Diskussionen in dogmatischen Auseinandersetzungen zwischen »pazifistischen« und »nicht-pazifistischen« Gruppen, die sich vor allem auf einen Aspekt militanten Widerstands konzentrieren: den »Schwarzen Block«.
Dieser kurze Text soll ein bescheidener Beitrag zur Debatte sein. Seine Hauptanliegen sind: a) das Recht militanten Protests zu verteidigen; b) bestimmte Aspekte gegenwärtiger Schwarz-Block-Kultur zu kritisieren; c) militanten Protest nicht auf Schwarze Blöcke zu reduzieren. Ich hoffe, dass diese Ansätze dabei helfen können, sich dem Thema auf komplexere und differenziertere Weise zu nähern, als dies gegenwärtig vielfach der Fall ist.

Militanter Protest

Die bürgerliche Kritik an militanten AktivistInnen sieht in der Regel wie folgt aus: Es handelt sich um einen Haufen von DraufgängerInnen und professionellen UnruhestifterInnen mit wenig (oder gar keinem) ideologischen Bewusstsein, keiner Fähigkeit sich zu organisieren, keinem ernsthaften politischen Ziel und schon gar keinen konkreten Vorschlägen, wie es zu der Gesellschaft kommen kann, die sie angeblich anstreben. Militante AktivistInnen werden beschuldigt, Kapitalismus nicht zu mögen, weil sie VersagerInnen sind, Arbeit nicht zu mögen, weil sie faul sind, PolizistInnen nicht zu mögen, weil sie Autoritätsprobleme haben, und Steine zu schmeißen, weil sie nicht argumentieren können. Kurz, militante AktivistInnen sind Fußballhooligans, die sich als MarxistInnen oder AnarchistInnen mit komischen Outfits tarnen. Es geht ihnen um Gewalt, sonst nichts. In diesem Sinne darf auch die Gleichsetzung »rechtsextremer« und »linksextremer« Gewalt in der bürgerlichen Presse nicht überraschen.

Dass das politische Establishment und die bürgerliche Öffentlichkeit so ein Bild zeichnen, überrascht wenig. Es überrascht jedoch, dass viele Bilder, die zahlreiche »alternative«, »linke«, »kritische« und sogar manche selbsternannte »radikale« AktivistInnen von den militanten GenossInnen zeichnen, sich davon kaum unterscheiden. In manchen Erklärungen, die nach Seattle veröffentlicht wurden – im Internet und in Szene-Zeitschriften ebenso wie in Kommentaren für die bürgerliche Presse –, schienen die maskierten Kids mit den zerrissenen Kleidern und den Steinschleudern in den Hosentaschen zum Hauptfeind der selbsternannten PazifistInnen geworden zu sein. In jedem Fall wurde ihnen weit mehr offene Ablehnung zuteil als Konzern- oder Regierungschefs.

Diese Erklärungen wiederholen sich seither nach jedem größeren Anti-WTO, Anti-G8 oder Anti-EU-Treffen. Nicht selten werden militante AktivistInnen wie unartige Kinder dargestellt, die nicht wissen, wie sie sich zu benehmen haben. Immer wieder bekommen wir zu hören, dass sie einen weiteren, ansonsten großartigen, Protest verdorben hätten und dass sie die Zukunft einer Bewegung aufs Spiel setzten, die wirkliche Änderung verspricht. Ein Teil der Antiglobalisierungsbewegung scheint verzweifelt darum bemüht, die militanten AktivistInnen aus ihren Reihen zu verbannen, sie als politische Akteure zu diskreditieren, sie als GenossInnen zu verleugnen, ihnen das Recht auf ihre Widerstandsform abzusprechen und ihren Beitrag zur anti-neoliberalen Sache in Abrede zu stellen. Ich denke, dass diese Behauptungen in der Regel unfair und kurzsichtig sind und auf Unwissen, Vorurteil und Selbstgerechtigkeit beruhen.

Es geht nicht darum, militante AktivistInnen zu einer Avantgarde zu verklären oder ihre Methoden als die einzig wirklich revolutionären zu feiern. Solche Ansichten teile ich nicht, und ich kann den GenossInnen, die so etwas suggerieren, nicht zustimmen. Auch nicht,

wenn dies Reaktionen auf starke – und oft ungerechte – Kritik sind, der sie sich ausgesetzt sehen. Es darf nicht dazu kommen, sich selbst Leid zu tun und sich als Opfer von Schmierkampagnen zu inszenieren. Genauso wie es Raum für militante Politik geben muss, muss es Raum für die Kritik an ihr geben.
Außerdem scheint manches an dieser Kritik berechtigt. Es gibt Probleme mit den Attitüden mancher militanter AktivistInnen, und es wird ebenso unverantwortliches wie unvorsichtiges Verhalten an den Tag gelegt. Zudem liegt eine nicht zu unterschätzende Gefahr darin, Gewalt leichtfertig als politisches Mittel gutzuheißen.
Nichtsdestotrotz stellen militante AktivistInnen eine bedeutende Kraft in radikaler Politik dar, und es scheint angebracht, dass dies auch von jenen AktivistInnen anerkannt und zugestanden würde, die andere Mittel bevorzugen. Respekt ist jeder sozialen Bewegung zuträglicher als Dämonisierung. Zudem scheint mir, dass militante Taktiken eine positive Rolle innerhalb sozialer Bewegungen spielen können – was sich nicht zuletzt im konkreten Fall der Antiglobalisierungsbewegung gezeigt hat.
Ein kurzer ethischer Exkurs soll mein Verhältnis zu militantem Widerstand klären: Ethik heißt in meinem Verständnis nicht, universelle und allgemeine Verhaltensregeln einzufordern. Ethik heißt, die sozio-ökologischen Konsequenzen unseres täglichen Verhaltens zu reflektieren und auf dieser Basis konkrete moralische Entscheidungen zu treffen. So stellt sich zum Beispiel die Frage, ob es gute moralische Gründe dafür gibt, vom Einschlagen der Scheiben einer McDonald's-Filiale abzusehen (vorausgesetzt, dass niemand dadurch verletzt werden kann) oder physischen Konfrontationen mit Sicherheitskräfte auszuweichen. Mir fallen keine solchen Gründe ein. Im ersten Fall handelt sich um eine Fensterscheibe, die einem multinationalen Konzern gehört, der jeden Tag Millionen von Dollars verdient und dessen Eigentum rundum versichert ist. Gibt es also wirklich Anlass zur Empörung, wenn diese Fensterscheibe in Brüche geht? Im zweiten Fall scheint mir verständlich, dass die oft brutale, und in jedem Fall entschiedene, Verteidigung eines zerstörerischen globalen ökonomischen Systems durch Sicherheitskräfte Antworten provozieren kann, die nicht rein pazifistisch sind. Es mag tugendhaft sein, auch angesichts von Wasserwerfern, Tränengas und Gummigeschossen gewaltfrei zu bleiben, aber das macht militante Reaktionen (per se) nicht weniger tugendhaft. Ich empfinde großen Respekt für pazifistische Widerstandsformen, erwarte aber in gleicher Weise von PazifistInnen Respekt für andere Widerstandsformen. Es geht um Vielfalt.

Natürlich müssen die Entscheidungen verantwortbar bleiben, und ich kann wenig Sympathie für das Plündern von Kleinläden oder die Gefährdung von PassantInnen durch unkontrollierte Straßenschlachten aufbringen. Aber die Tatsache, dass AktivistInnen entsprechende Grenzen ziehen müssen, nimmt dem symbolischen Angriff auf Konzerneigentum genauso wenig seine Bedeutung und Berechtigung wie der physischen Selbstverteidigung gegen gewalttätige Polizeieinheiten.

Es gibt freilich eine Reihe pazifistischer AktivistInnen, die meinen, dass es durchaus gute moralische Gründe dafür gibt, sich militanten Taktiken zu enthalten. Die Argumentation stützt sich dabei meist auf einen starken moralischen Code bzw. einen kompromisslosen Pazifismus.

Da ich erstens nicht an starke moralische Codes glaube und zweitens der Meinung bin, dass sich Debatten darum, was nun wirklich pazifistisch – und damit nicht-pazifistisch bzw. militant – ist, meist im Kreise drehen, will ich mich mit dieser Frage hier nicht länger aufhalten. Allgemein gesagt, halte ich Menschen, die sich im Besitz der moralischen Wahrheit glauben, für weit gefährlicher als Leute, die ihre Gesichter hinter Tüchern verbergen, um Nike-Symbole von Mauern zu reißen.

Wichtiger scheint mir die pragmatische pazifistische Kritik an der Rolle von Militanz. Diese Kritik konzentriert sich meist darauf, dass militanter Aktivismus politisch kontraproduktiv sei. Die Hauptargumente sind dabei die folgenden:

1. Militante AktvistInnen ziehen unverhältnismäßig viel mediale Aufmerksamkeit auf sich und diskreditieren die gesamte Bewegung in einer breiten Öffentlichkeit. Anstatt beunruhigte, aber »anständige« BürgerInnen zu sehen, die sich für soziale Gerechtigkeit, zivilbürgerliche Freiheiten und Umweltschutz einsetzen und die PolitikerInnen an ihre Verantwortung erinnern, entsteht das Bild einer aus einem Haufen RandaliererInnen zusammengesetzten Bewegung, der es hauptsächlich darum geht, Sachen klein zu schlagen und Mülltonnen anzuzünden. Inhalte werden mit Gewalt zugedeckt, und zu guter Letzt wird die gesamte Bewegung diskreditiert.

2. Militante AktivistInnen gefährden den inneren Zusammenhalt der Bewegung: was ansonsten wachsen würde, fällt auseinander, ausschließlich aufgrund der Unverantwortlichkeit von ein paar PflastersteinfetischistInnen.

3. Militante AktivistInnen machen es den Herrschenden möglich, Diskussionen auszuweichen, frei nach dem Motto: »Wir machen an TerroristInnen keine Zugeständnisse.«

4. Militante AktivistInnen schaffen die Rechtfertigung für die Sicherheitskräfte des Staates, ihren Repressionsapparat gegen die gesamte Bewegung zu richten: Polizeigewalt, Überwachung und Neo-McCarthyanismus sind die Folge.

Um auf diese Kritik antworten zu können, muss, meine ich, zwischen Reformpolitik und revolutionärer Politik unterschieden werden:

In einem reformpolitischen Kontext scheinen mir die Argumente durchaus verständlich. Wenn es um die Verteidigung von Krankenfürsorge geht, den Schutz von Wäldern, die öffentliche Kontrolle multinationaler Konzerne, die Transparenz politischer Entscheidungsprozesse, die Legalisierung »illegaler« MigrantInnen, die Einschränkung von Militarisierung, den Ausbau von Förderung für Bildung und Kunst usw., so sind taktische Überlegungen sicherlich wichtig. Wir wollen Veränderungen innerhalb des Systems, also folgen wir seinen Regeln. Ich bin kein Anhänger von Theorien, denen zufolge alle Reformen zwangsläufig schlecht sind, weil Menschen umso eher rebellieren desto schlechter es ihnen geht. Solche Argumentationen werden leicht zynisch. Bestimmte Reformen können die Realitäten mancher Individuen und Gemeinden entscheidend erträglicher machen, zumindest für einige Zeit. In diesem Sinne denke ich, dass militante AktivistInnen eine Verantwortung haben, ihren Taktiken Grenzen zu setzen, wenn diese reformpolitische Erfolge gefährden. Wenn beispielsweise im Rahmen eines Arbeitskampfes ein Konzern bereits mit dem Rücken zur Wand steht, weil es breite öffentliche Unterstützung für die Forderungen der ArbeiterInnen gibt, wäre ein Überfall auf das Haus des Konzernchefs wenig hilfreich.

Aus einer revolutionären Perspektive ergibt sich allerdings ein anderes Bild. Wie soll eine wirklich revolutionäre Bewegung beispielsweise jemals eine faire und ausgewogene mediale Berichterstattung erwarten können? Und wie viel Sinn macht es, Inhalte wie Taktiken auf ein »öffentliches Image« abzustimmen? Schließlich sind revolutionäre Bewegungen nicht Calvin Klein und haben nicht zur Aufgabe, Unterwäsche durch manipulative Werbekampagnen an den Mann zu bringen. Ähnliches gilt für das Bild akzeptabler AktivistInnen. Wer definiert dieses? Die *New York Times*? Oprah Winfrey? Tipper Gore? Und was die unmöglichen Diskussionen mit den Herrschenden betrifft: wollen wir wirklich mit Bill Gates oder George W. Bush diskutieren?

Natürlich stellt es ein Problem dar, wenn eine potentiell sympathisierende Öffentlichkeit aufgrund einer Minorität von einer breiten sozialen Bewegung Abstand nimmt. Aber erstens lassen sich revo-

lutionäre Seelen nicht von ein paar Steine schmeißenden AktivistInnen abschrecken, auch wenn sie dies nicht gutheißen mögen. Und zweitens, worauf baut diese Angst eigentlich auf? Wird den »Massen« kein eigenes Denken und kein eigener Wille zugestanden? Wenn im Fernsehen Bilder von umgestürzten und angezündeten Polizeiautos gezeigt werden, fragen sich Menschen nicht, warum es dazu kam? Und wenn dies im Rahmen einer Demonstration mit mehreren Tausend friedlichen DemonstrantInnen geschieht, fragen sich Menschen nicht, welche Unterschiede es zwischen den verschiedenen Gruppen gibt? Und warum sie trotzdem gemeinsam auf einer Demonstration sind? Gut, einige würden sich diese Fragen vielleicht tatsächlich nicht stellen. Aber sind das die potentiellen Revolutionäre, um deren Verlust wir bangen? Viele sind sicherlich fähig, sich ihre eigene Meinung zu bilden...
Mit der Frage umfassender Repression gegen alle AktivistInnen, egal wie militant oder pazifistisch sie agieren, darf nicht leichtfertig umgegangen werden. Die Möglichkeit ist zweifelsohne gegeben und es existieren dafür eine Reihe historischer Beispiele. Nur, was für Konsequenzen sind daraus zu ziehen? Wenn wir immer zurückweichen, sobald der Staat droht, werden wir nie irgendwo hin gelangen. Außerdem: wenn PolizistInnen auf friedliche DemonstrantInnen einprügeln, weil irgendwer ein paar Steine geschmissen hat, sind es immer noch die PolizistInnen, die prügeln, und nicht die SteineschmeißerInnen.
Was die Rolle betrifft, die militante AktivistInnen in der Antiglobalisierungsbewegung gespielt haben, so müssen sich ihre KritikerInnen meines Erachtens mit den folgenden Punkten auseinandersetzen:
1. Ich glaube nicht, dass die Antiglobalisierungsbewegung gegenwärtig eine so starke Kraft wäre, wenn es ihre militanteren Flügel nicht gäbe. Warum wurde Seattle zu einem Meilenstein? Ein Jahr zuvor protestierten Tausende von Menschen in Dutzenden von Städten weltweit gegen das WTO-Treffen in Genf. Heute erinnert sich kaum noch jemand daran. Natürlich waren es nicht nur die militanten Aktionen, die Seattle besonders machten. Es war auch die Tatsache, dass die Proteste in den USA stattfanden: dies beinhaltete erstens ein überraschendes Moment, nachdem US-AmerikanerInnen im globalen Kontext nicht unbedingt als sozial und ökologisch engagiert gelten, und zweitens garantierte es die Aufmerksamkeit und Berichterstattung der US-dominierten globalen Medien. Darüber hinaus versammelte sich eine beeindruckende Zahl von DemonstrantInnen, die zahlreiche unterschiedliche Anliegen und Weltanschauungen re-

präsentierten und, zumindest an diesem Tag, vereinten. All das muss natürlich bedacht werden. Trotzdem: der Großteil der medialen Aufmerksamkeit richtete sich auf die Krawalle, und diese waren es, die den Mächtigen zu verstehen gaben, dass sie sich von nun an nicht mehr treffen konnten, ohne auf starken und entschlossenen Widerstand zu stoßen. Zu glauben, dass die Medienzeit, die den militanten Aktionen zukam, ansonsten den Anliegen der Protestierenden zugekommen wäre, scheint, offen gestanden, naiv. Die militanten AktivistInnen stahlen anderen DemonstrantInnen keine Medienzeit. Sie verschafften ihnen diese. GegnerInnen militanter Aktionen nutzten mediale Plattformen, um ihre Ansichten zu äußern, die ihnen ohne diese Aktionen nie zugekommen wären. War die Berichterstattung eher sensationslüstern als inhaltlich? Natürlich. Aber die Alternative waren nicht tiefgehende Analysen neoliberalistischer Übel – die Alternative waren Analysen von Football-Verträgen oder Hollywood-Affären.

2. Die militanten AktivistInnen sind der Grund für die Zäune, die wir heute bei politischen und ökonomischen Gipfeltreffen sehen, für die Robocops, für die Aufhebung von BürgerInnenrechten im Namen der Sicherheit der Reichen und Mächtigen. Friedliche Massenblockaden können unter bestimmten Umständen massive Störungen verursachen. Doch lassen sich friedliche Protestformen im Allgemeinen leicht vereinnahmen. Wir können diese Prozesse gegenwärtig beobachten: NGOs werden zu den Gipfeln geladen, Demonstrationszüge genehmigt, solange sie sich in geordneten Bahnen bewegen etc. Zudem besteht ein Unterschied zwischen einer Störung und einer Bedrohung. Unruhe schafft nur Letztere. Es sind die militanten AktivistInnen, die die Mauern zwischen den Mächtigen und ihren GegnerInnen deutlich und greifbar machen. Mauern, die beispielsweise dazu führen, dass sich die WTO in den Arabischen Golf zurückzieht [2001], oder Klaus Schwab sich dazu veranlasst sieht, das WEF für ein Jahr aus Davos abzuziehen [2002]. Das WEF-Beispiel zeigt auch, dass die Öffentlichkeit sich nicht immer auf die Seite der Herrschenden schlägt, wenn es zu militantem Widerstand und den Reaktionen darauf kommt. Viele Leute in der Schweiz schienen froh, das WEF für ein Jahr woanders zu sehen. Nicht weil ein paar DemonstrantInnen eine Handvoll Scheiben eingeschmissen hatten, sondern weil sie sich von den massiven Sicherheitsvorkehrungen eingeschränkt und provoziert fühlten.

3. Die mediale Aufmerksamkeit, die militanten Aktionen zukommt, schreckt Menschen nicht nur ab. Es gibt eine Reihe von Menschen,

die sich von diesen durchaus angesprochen fühlen. Hochgehaltene Plakate oder Straßentheater alleine machen auf viele dieser Menschen nicht den geringsten Eindruck, da sie sich von der symbolischen Kraft der Militanz angezogen fühlen. Diese Menschen nicht bei unseren Protesten haben zu wollen, weil ihnen fehlendes politisches Bewusstsein unterstellt wird bzw. das Bedürfnis, nur gewalttätig ihre Frustrationen auszuleben, scheint Teil der Vorurteile zu sein, die am Beginn dieses Aufsatzes erwähnt wurden. Wenn diese Menschen wirklich nur ihre Frustrationen ausleben wollten, warum kommen sie dann zu Antiglobalisierungsprotesten? Sie könnten auch die Jugendlichen aus dem Nachbardorf verprügeln oder Eichhörnchen jagen gehen. Ich denke, wir sollten froh sein, wenn sich das Ausleben ihrer Frustrationen gegen jene richtet, die für diese – oder zumindest für deren sozio-politische Grundlagen – verantwortlich sind.
Kann ich beschwören, dass sich nie »Betrunkene«, »Raufbolde« oder »Abenteurer« unter militante AktivistInnen mischen? Nein. Aber was heißt das schon? Glücklicherweise konstituieren militante AktivistInnen keine totalitäre Partei, die ihre Mitglieder zählt. Es gibt junge FaschistInnen, die zu Rage-Against-the-Machine-Konzerten pilgern. Macht das die Band politisch unglaubwürdig? Bei jedem großen Antiglobalisierungstreffen gibt es Menschen, die glauben, dass Abtreibung Mord, der Wohlfahrtsstaat ein stalinistisches Unheil oder Migration das Übel nationaler Arbeitsmärkte ist. Nimmt das den Protesten ihre Glaubwürdigkeit?
Ich kann nicht in die Köpfe militanter AktivistInnen sehen und will das auch nicht. Aber ich kann bestätigen, dass von den militanten AktivistInnen, die ich in den letzten zwölf Jahren in verschiedenen Ländern getroffen habe, kaum jemand die Stereotype verkörpert, mit denen sie sich gewöhnlich konfrontiert sehen. Beinahe alle militanten AktivistInnen, die ich kenne, diskutieren politische Realitäten und die moralischen Implikationen ihrer Aktivitäten unentwegt. Die Klischees von Militanten als nihilistische Suff-Punks oder gelangweilte Mitteklassekids spiegeln die Realität schlicht nicht wider.
Was die wiederholten Anklagen betrifft, dass es sich bei militanten AktivistInnen hauptsächlich um *agents provocateurs* oder Polizeispitzel handelt, so scheint die Antwort einfach: Ja, unter den Leuten, die sich weltweit an militanten Aktionen beteiligen, gibt es sicher einige, die für die andere Seite arbeiten. Aber spricht das gegen Militanz? Ein *agent provocateur* kann neben uns auf einer Critical-Mass-Demo Fahrrad fahren und in jeder Antiatomstromgruppe sitzen. Polizeispitzel sind überall.

Der Schwarze Block

Auch wenn der Schwarze Block in Nordamerika als neues Phänomen gilt, liegen seine Ursprünge in der deutschen HausbesetzerInnenbewegung der 1980er Jahre, als es regelmäßig zu Auseinandersetzungen zwischen Sicherheitskräften und Hunderten, manchmal Tausenden von schwarz gekleideten und maskierten AktivistInnen kam. Hamburgs Hafenstraße schuldet einen großen Teil ihres autonomen Mythos diesen Kämpfen.

An der historischen Bedeutung und Legitimität des Schwarzen Blocks im Kampf gegen Staat und Kapital gibt es für mich wenig Zweifel. Gleichzeitig scheint es weder empirisch gerechtfertigt noch ideologisch sinnvoll, Militanz im Rahmen politischen Straßenprotests alleine auf das Phänomen des Schwarzen Blocks zu reduzieren. Es gibt unzählige Einzelne und Gruppen, die in militante Proteste verwickelt sind, ohne schwarz gekleidet, maskiert, bewaffnet oder sonst irgendwie »vorbereitet« zu sein. Militanz mit Schwarzen Blöcken gleichzusetzen, ist in diesem Sinne einfach falsch. Eines der größten damit verbundenen Probleme ist, dass dies zu Verwirrungen führt, was eine Kritik an militantem Widerstand betrifft. Eine solche Kritik richtet sich oft ausschließlich gegen den Schwarzen Block, doch ist dieser nur eine mögliche Form. Ich halte es für wichtig, sich dieser Kritik zu stellen, und werde dies hier tun. Festzuhalten bleibt jedoch, dass es sich dabei um eine Kritik des Schwarzen Blocks handelt, *nicht* des militanten Widerstands im Allgemeinen.

Die größten mit dem Schwarzen Block in Verbindung zu bringenden Probleme sind meiner Erachtens die folgenden:

Sektierertum: Es gibt zweifelsohne Schwarz-Block-AktivistInnen, die sich als revolutionäre Vorhut begreifen. Elitarismus hilft keiner Bewegung.

Machismo: Gewalt zu glorifizieren, PazifistInnen als »Feiglinge« abzustempeln oder mit einer »Hau-Rein«-Mentalität zu prahlen, kann schnell peinlich werden – und ist manchmal schlichtweg beleidigend und dumm.

Ritualisierung: Wie jede andere Widerstandsform bezieht militanter Straßenprotest seine Bedeutung und Legitimation aus dem Kontext, in dem er sich ereignet. Aus Prinzip Fenster einzuschlagen oder Flaschen auf PolizistInnen zu werfen, reicht dazu nicht aus. Nicht weil uns die Fenster besonders leid zu tun hätten oder wir uns um die in der Regel gut geschützten PolizistInnen Sorgen machen müssten. Das Problem ist eher, dass aggressives Verhalten manchmal schlicht nicht angebracht erscheint. Wenn eine Gruppe von GenossInnen während eines Straßenfests gerade zu revolutionären Beats abtanzt und Polizeieinheiten noch nicht einmal in Sichtweite sind, führt das Einschlagen von Fensterscheiben schlicht zu einer unangemessenen Stresssituation, die vielen die Laune verdirbt. Sachbeschädigung und Straßenkampf zu ritualisieren birgt die Gefahr jeder Ritualisierung in sich: nämlich diese Aktivitäten jedweder Bedeutung, die außerhalb des Rituals liegt, zu berauben.

Image: Der Schwarze Block sieht beunruhigend aus. Er will so aussehen, und in einem historisch-politischen Kontext macht das auch Sinn. Ohne diesen Kontext jedoch können das schwarze Kostüm und die Maske zu einer reinen Uniform mutieren, die genauso albern und lächerlich ist wie jede andere. In den seltensten Fällen wirkt sie auf jene einladend, die keine persönlichen Verbindungen zum Schwarzen Block haben. Mit anderen Worten, sie wird kaum dabei helfen, die Grenzen zwischen militanten und nicht-militanten AktivistInnen abzubauen.

Trivialisierung von Gewalt: Ich denke, dass der Großteil der Vorwürfe, die AktivistInnen des Schwarzen Blocks unverantwortliches und unvorsichtiges Verhalten unterstellen, ungerechtfertigt ist. Die meisten Aktionen des Schwarzen Blocks sind alles andere als unüberlegt. Ziele werden in der Regel sorgfältig ausgewählt und die Auswirkungen auf Andere bedacht. Doch kann niemand verleugnen, dass Fehler gemacht werden können. Dies gilt überall, auch für Schwarze Blöcke. Im Falle von Gewaltanwendung können Fehler drastischere Folgen nach sich ziehen als in vielen anderen Fällen. Läden von MigrantInnen anzugreifen, Autos von ArbeiterInnen abzufackeln oder andere DemonstrantInnen mit Wurfgeschossen zu treffen, sind keine »Ausrutscher«, die so leicht vom Tisch zu wischen sind. Militanz erfordert Verantwortung, nicht Rücksichtslosigkeit.

Diese kritischen Bemerkungen müssen als solidarische Bemerkungen verstanden werden. Ich wende mich nicht gegen die Aktionsform des Schwarzen Blocks oder gegen die GenossInnen, die ihn konstituieren. Die Frage stellt sich nicht. Doch muss es im Rahmen revolutionärer Politik möglich sein, auf problematische Tendenzen und Entwicklungen hinweisen zu können. Im Kontext dieses Aufsatzes heißt dies:

1) Es muss möglich sein, bestimmte Aspekte des Schwarzen Blocks zu kritisieren, ohne sich auf die »Seite der PazifistInnen« zu schlagen.
2) Es muss möglich sein, den Schwarzen Block zu kritisieren, ohne sich von denjenigen, die in ihm aktiv sind, loszusagen.
3) Es muss möglich sein, militante Widerstandsmöglichkeiten außerhalb des Schwarzen Blocks in Betracht zu ziehen.

Anarchismus auf den Philippinen und transnationale Politik

Meine Verbindungen zu der anarchistischen Bewegung auf den Philippinen rühren von einer Ostasienreise 2006 her. Angesichts der Millionen philippinischer ArbeitsmigrantInnen ist es vielleicht charakteristisch, dass es zu meinen ersten Kontakten mit philippinischen AnarchistInnen nicht auf den Philippinen, sondern in Japan kam, wo sie nachts Supermarktregale füllten, um tagsüber studieren zu können. Als ich ein paar Monate später in Manila ankam, wurde ich von AnarchistInnen vor Ort in Empfang genommen und großzügig versorgt. Während meines Aufenthalts, der ein paar Wochen dauerte, hatte ich die Möglichkeit, mit einer Reihe von AktivistInnen zu sprechen. Ich war von den radikalen Netzwerken, die bestanden, ebenso beeindruckt wie von der Energie und Zuversicht.
Seither versuche ich, die Entwicklungen der Bewegung auf den Philippinen zu verfolgen, hauptsächlich über Korrespondenz mit AktivistInnen, die ich damals traf. Dabei ergaben sich auch Gelegenheiten, gemeinsam an Projekten zu arbeiten. Es freut mich sehr, nun zu dieser Publikation beitragen zu dürfen, die einen weiteren wichtigen Schritt für eine in ständigem Wachsen begriffene Bewegung darstellt.
Transnationale Verbindungen sind wichtig für den Anarchismus. Das waren sie immer. Schließlich ist der Widerstand gegen den Nationalstaat ein Kernstück anarchistischer Politik. Solidarität, die keine Grenzen kennt, und das Verlangen, diese Grenzen zu überwinden, sind der anarchistischen Idee inhärent. Leider sehen wir uns beim Verfolgen dieses Ideals vielen Hindernissen gegenüber. Nicht nur weil die Mächtigen uns lieber getrennt halten – in Klassen, Rassen, Geschlechtern oder Nationen –, sondern auch aufgrund der internationalen ökonomischen Barrieren, die zwischen Menschen im Laufe kolonialer Geschichte geschaffen wurden.
Jede internationale Teilung beruht auf ökonomischen Barrieren. Sogenannte »kulturelle Barrieren« sind nichts als pseudowissenschaftliche Versuche, dies zu rechtfertigen. Die internationale Trennung von Gemeinschaften ist gemacht, nicht natürlich. Auch wenn kulturelle Unterschiede zwischen Menschen existieren mögen (letzten Endes eine rein definitorische Frage), schaffen diese nicht notwendigerweise Barrieren. Jedes Individuum unterscheidet sich von anderen Individuen – auch dies schafft nicht notwendig Barrieren.

Wenn manche Menschen lieber Kartoffelpüree als Reis essen, kann dies kaum ein Problem darstellen. Ein Problem stellt es dar, wenn manche Menschen 30 Dollar die Stunde dafür verdienen, Befehle zu erteilen, während andere für 20 Cents ihr Leben auf ungesicherten Baugerüsten riskieren. Ein Problem stellt es dar, wenn manche Menschen reisen können, wohin auch immer sie wollen (weil sie es sich leisten können und weil sie die nötigen Papiere dafür erhalten), während anderen der Weg zur Hauptstadt des eigenen Landes verwehrt ist. Ein Problem stellt es dar, wenn die größte Sorge mancher Menschen der Lieblingssnack ihrer Haustiere ist, während andere ihre Kinder nicht zur Schule schicken können.

Es ist ökonomische Ungerechtigkeit, die verschiedene Realitäten, Perspektiven, Prioritäten und Erwartungen schafft. Wenn sich Menschen der ökonomischen Privilegien, die sie genießen, nicht bewusst sind, dann werden ihre Haltungen den Realitäten, Perspektiven, Prioritäten und Erwartungen derjenigen gegenüber, die diese ökonomischen Privilegien nicht teilen, zwangsläufig paternalistisch und manchmal offen arrogant und (neo)kolonial.

Leider bilden ökonomisch privilegierte Linke, AnarchistInnen eingeschlossen, hier nicht immer eine Ausnahme. Linke im globalen Norden halten es oft für ihre Aufgabe, im Namen ihrer Aufgeklärtheit und Fortschrittlichkeit den Menschen des globalen Südens zu helfen. (In Ermangelung besserer Begriffe werden »globaler Norden« und »globaler Süden« in diesem Text als Abkürzung für ökonomisch privilegierte und ökonomisch weniger privilegierte Gemeinschaften im globalen Kontext verwendet.) Natürlich werden solche Ansichten heute selten offen ausgedrückt. Sie wurden überzeugend genug kritisiert, um die AktivistInnen zu vorsichtiger Wortwahl zu zwingen. Dies bedeutet allerdings nicht immer, dass sich auch die Einstellungen gewandelt haben. Verweise auf die Notwendigkeit von »Hilfe« und »Entwicklung« implizieren immer noch oft genug die Überzeugung, dass es eine Seite gibt, die Hilfe leisten kann, und eine, die sie braucht. Dies stellt kaum eine vielversprechende Basis für globale Egalität dar. Wenn AktivistInnen des globalen Nordens überhaupt etwas Spezielles zu »geben« haben, so beruht dies einzig auf ökonomischem Privileg und bleibt auf materielle Ressourcen reduziert.

Manche AnarchistInnen, vor allem die sogenannten AnarchoprimitivistInnen, meinen, dass selbst materielle Hilfe keine wirkliche Hilfe darstellt, da sie Menschen nur von einem zerstörerischen Zivilisationsprozess abhängig macht. AnarchoprimitivistInnen zufolge müssen wir von den Gesellschaften der sogenannten »Vierten Welt« lernen:

von »primitiven« Gesellschaften, die sich dem Einfluss nationalstaatlicher Kontrolle und globalem Kapitalismus entziehen und in Harmonie mit ihren natürlichen Instinkten und ihrer natürlichen Umgebung (»nicht-entfremdet«) leben. Die Gefahr einer solchen Perspektive ist die Fortsetzung kolonialer Diskurse unter anderen Vorzeichen. Die »Anderen« als eine Art moralisches Korrektiv zu den eigenen Untugenden zu romantisieren, ist seit Jahrhunderten ein Teil kolonialer Logik: von Rousseaus edlem Wilden über das Paradies der Südsee zu heutigen esoterischen Buchläden, die mit keltischen, indianischen oder tibetanischen Weisheitsaccessoires gefüllt sind. Dies bestätigt nur die Distanz zwischen denen, die diese Bilder konsumieren, und denen (den »Anderen«), die hinter ihnen verschwinden.

Oft scheint es so, als würde das größte Hindernis für einen effektiven Kampf gegen internationale ökonomische Barrieren in der Unfähigkeit der Linken des globalen Nordens liegen, sich mit Privilegiertheit auseinanderzusetzen. Schuld ist ein entscheidender Faktor im Umgang mit ökonomisch weniger privilegierten Individuen und Gemeinden. Das soll nicht heißen, dass zwangsläufig etwas falsch daran ist, Schuld zu fühlen. Wenn es bedeutet, seine eigenen Privilegien einzugestehen und eine persönliche Verantwortung für die strukturelle Unterdrückung von Individuen und Gemeinschaften zu übernehmen, die weniger Privilegien genießen, dann kann Schuld zu einem wichtigen Motivationsfaktor werden. Das Eingeständnis von Privileg und die Übernahme von Verantwortung sind Voraussetzungen für alle privilegierten GenossInnen, sich effektiv für Privilegienabbau einsetzen zu können. Wenn Schuld aber Selbstanklage bedeutet (was oft mehr mit Selbstmitleid zu tun hat, als wir denken mögen) und das Eingeständnis von Privileg die Übernahme von Verantwortung ersetzt, dann wird unser Verhalten von Unsicherheit geprägt sein anstatt von kämpferischem Geist. Dies wiederum lässt unsere antikoloniale und antirassistische Politik oft zu rein abstrakten Bekenntnissen verkommen. Dann unterlassen wir es, uns um Gemeinschaftsformen mit Menschen zu bemühen, die wir außerhalb unserer eigenen sozialen und kulturellen Sicherheitszone verorten, weil wir zu viel Angst davor haben, etwas »falsch zu machen«.

Transnationale Gemeinschaftsformen sind jedoch die Voraussetzung für jeden gemeinsamen Kampf gegen die Barrieren, die uns getrennt halten. Solche Gemeinschaftsformen sind uns näher, als viele denken. Natürlich gibt es zahlreiche Faktoren, die bedacht werden müssen, wenn Menschen mit extrem unterschiedlichen ökonomischen Voraussetzungen an Netzwerken arbeiten, die gemeinsame Arbeit und gemeinsames Leben zum Ziel haben. Gleichzeitig gibt es zahlreiche alltägliche Bedürfnisse, die Menschen jenseits aller ökonomischen Unterschiede teilen: Menschen aller Klassen (und »Kulturen«) können gemeinsame Mahlzeiten genießen, ein Fußballspiel, ein Konzert, eine Demonstration. Außerdem können Menschen aller Klassen soziale Fehltritte verstehen und tolerieren, solange der grundlegende Respekt und gute Wille der Fehltretenden offensichtlich ist. Die Wichtigkeit, die manche AktivistInnen des globalen Nordens einer rigorosen Befolgung (oft vermeintlicher) sozialer Codes von Gesellschaften des globalen Südens zuschreiben, beruht oft auf der eurozentrischen Annahme, dass diese Gesellschaften zur Toleranz unfähig sind. Die Bildung antikolonialer transnationaler Gemeinschaftsformen muss demnach mit den alltäglichen Bedürfnissen und Wünschen beginnen, die wir alle teilen. Auf dieser Ebene können wir uns verbinden und vereinen – eine Bedingung dafür, gemeinsam gegen die ökonomischen Grenzen ankämpfen zu können, die uns trennen, sowie gegen die politischen Strukturen, die diese Trennung zementieren. Wenn wir vor dieser Aufgabe zurückscheuen, weil wir Angst haben, Fehler zu machen, wird sich nichts Entscheidendes ändern können.

Antikoloniale Gemeinschaftsbildung ist zwangsläufig eine multilaterale Angelegenheit. Sie kann nicht von einer Partei alleine unternommen werden, sondern hat alle Betroffenen einzuschließen. Dabei ist es von besonderer Wichtigkeit für AktivistInnen des globalen Nordens, von Versuchen, den Prozess zu leiten, abzusehen. Es muss zu ständigem Austausch mit den GenossInnen des Südens kommen. Gleichzeitig können die Änderungen nicht von Letzteren alleine herbeigeführt werden. Ungerechte Verhältnisse können nur in gerechte Verhältnisse verwandelt werden, wenn sich alle ändern. Es wird nie möglich sein, alle zu Herren zu machen, and es ist kaum wünschenswert, alle zu Sklaven zu machen – das Ziel muss die Abschaffung der Herren und der Sklaven sein.

Es scheint auf der Hand zu liegen, wie AktivistInnen, die von ökonomischer Ungerechtigkeit betroffen sind, diejenigen inspirieren können, die von ihr profitieren: sie können diese über ihr Leben und ihre Bedürfnisse aufklären; sie können sie an ihre privilegierte Verhaltensweisen erinnern; sie können sie mit ihrem Widerstand zur Nachahmung motivieren usw. Aber auch die privilegierten GenossInnen können zum Kampf beitragen. Auch sie können inspirieren: durch den Abbau ihrer eigenen Privilegien; durch das Eingehen persönlichen Risikos im Kampf gegen die Verhältnisse, die ihnen objektiv zugute kommen; durch das eigene Beispiel entschlossenen Widerstands.

Im Fall der Philippinen scheint es so zu sein, dass die Anti-WTO-Proteste in Seattle, die wesentlich von nordamerikanischen AktivistInnen geprägt waren, eine wichtige Inspirationsquelle für die gegenwärtige anarchistische Bewegung darstellten. Gleichzeitig waren die Seattle-Proteste von zahlreichen Kämpfen des Südens inspiriert. Dies ist nur ein Beispiel für den multilateralen Charakter des Kampfes um Privilegienabbau.

Ein anderes Beispiel ist die positive Rezeption, die ein Alpine-Anarchist-Productions-Heft auf den Philippinen erfahren hat. Alpine Anarchist Productions ist ein Publikationsprojekt, das von europäischen und nordamerikanischen AktivistInnen geleitet wird. »The Patong Fire« erzählt die Geschichte eines (fiktiven) Brandanschlags, den fünf euroamerikanische Reisende gegen die Tourismusindustrie in Thailand unternehmen. Anscheinend konnten sich viele GenossInnen auf den Philippinen mit der antikolonialen Kritik identifizieren, die in der Geschichte artikuliert wird. Brand X, eine Band aus Quezon City, verarbeitete die Geschichte zu einem gleichnamigen Punkrock-Song. Dies wiederum inspiriert alle, die sich in Alpine Anarchist Productions engagieren. So werden Verbindungen geschaffen, die sich auf gemeinsame Empfindungen und Überzeugungen stützen.

Natürlich dürfen in diesen Verbindungen die ungleiche Verteilung von Privilegien nicht vergessen werden. Es ist vor allem wichtig, dass sich AktivistInnen des globalen Nordens bewusst sind, um wie viel einfacher der Zugang zu Ressourcen für sie ist: zu Büchern, Computern, Reisedokumenten, Geld usw. Es gibt verschieden Arten, diese Ressourcen zu teilen: Reisestipendien können organisiert werden; Botschaften können dazu angehalten werden, Visa auszustellen; radikale Projekte können mit Arbeit, Ideen, Materialien usw. unterstützt werden; Stimmen des globalen Südens kann im Norden Raum gegeben werden. Mit Großzügigkeit hat das nichts zu tun. Es ist eine Frage der Gerechtigkeit.

Der Prozess des Teilens wird manchmal dadurch verkompliziert, dass AktivistInnen nicht wissen, wo und wie sie teilen sollen. Sie fürchten, falsche Entscheidungen zu treffen, und wollen Zeit zum Überlegen haben, anstatt sich unter Druck zu fühlen. All das ist verständlich. Helfen können wiederum konkrete gemeinschaftliche Beziehungen. Wenn diese existieren, ist es nicht nur einfacher, mit gutem Gefühl zu teilen, sondern auch mit gutem Gefühl zu diskutieren, wie geteilt werden soll.

Anarchismus als eine Weltanschauung, die sich gegen Autorität und Hierarchie richtet, sowie als politische Bewegung, die für offene und egalitäre Gemeinschaften eintritt, stellt sowohl die effektivste Basis für das Bilden transnationaler Gemeinschaften dar als auch das am meisten Erfolg versprechende Ziel. Der Anarchismus beinhaltet eine Reihe von Sicherheitsventilen, die Entwicklungen vorbeugen können, welche linken Bewegungen im 20. Jahrhundert viel Schaden zugefügt haben, auch auf den Philippinen: Sektierertum, Spaltung, Überwachung, sogar Folter und Mord. Der Anarchismus ist demnach in vielerlei Hinsicht der attraktivste Rahmen, in dem wir politisch Widerstand leisten können. Mehr und mehr AktivistInnen auf den Philippinen scheinen zu demselben Schluss zu gelangen.

Die größte Gefahr innerhalb des Anarchismus (und das stärkste Argument für die orthodoxe Linke) mag der potentielle Mangel an Organisation sein. Es kann kein Zweifel daran bestehen, dass weit verzweigte Kämpfe effektive Organisationsformen brauchen, um die hegemoniale Macht des Staates und des Kapitals herausfordern zu können. Doch verwehrt sich Anarchismus nicht jeder Form von Organisation. Tatsächlich beruht seine Realisierung auf Organisation: *Selbst*organisation. Dazu bedarf es individueller Hingabe und Verantwortlichkeit. Der Erfolg oder das Scheitern anarchistischer Projekte scheint wesentlich von diesen Qualitäten abzuhängen. AnarchistInnen bestehen darauf, keine institutionelle Autorität zu brauchen, um ihr Leben gestalten zu können. Darauf zu bestehen, ist einfach. Schwierig ist es, dies zu beweisen.

Was die Philippinen im Kontext des internationalen Anarchismus besonders interessant macht, ist die spezielle koloniale Geschichte des Landes. Die Philippinen unterscheiden sich von vielen anderen Ländern des globalen Südens in ein paar wesentlichen Punkten: einer starken Verankerung in euroamerikanischer Kultur, einem ausgesprochen hohen Bildungsniveau und einer weit verbreiteten Anwendung und Beherrschung des Englischen (das sich, unabhängig davon, wie wir das nun einschätzen wollen, zur wichtigsten Sprache internationaler Kommunikation entwickelt hat). Für philippinische AktivistInnen bedeutet dies, dass es ihnen oft leichter als anderen GenossInnen des globalen Südens fällt, Kontakte und Verbindungen mit Bewegungen des Nordens aufzubauen und sich dort Gehör zu verschaffen.

In letzten Jahren wurden wir des Öfteren mit dem Begriff eines »Dritte-Welt-Anarchismus« konfrontiert. Verschiedene AutorInnen haben betont, wie wichtig ein solcher Anarchismus für die globale anarchis-

tische Bewegung sei, da er die Dominanz von AktivistInnen der »Ersten Welt« durchbrechen und neo(koloniale) Tendenzen herausfordern würde. Dass ein »Dritte-Welt-Anarchismus« niemals etwas anderes als ein strategisches Phänomen sein kann, versteht sich jedoch von selbst. Auf lange Sicht gesehen, lässt sich der Anarchismus nicht in verschiedene geographische Welten aufteilen. Er wird in diesem Sinne ein »Eine-Welt-Anarchismus« sein oder gar keiner. Um dorthin zu gelangen, bedarf es allerdings einer Übergangsperiode, in der Brücken zwischen verschiedenen anarchistischen Szenen und Bewegungen gebaut werden müssen. Die Philippinen können dabei eine besondere Rolle spielen. Aufsätze, die in jüngerer Zeit von Bas Umali veröffentlicht wurden – »Archipelagic Confederation« oder »Autonomous Traditions in the Archipelago« –, können hier als Beispiele dienen.
Vor ein paar Jahren diskutierten philippinische GenossInnen und ich die Herausgabe eines englischen Buches zum Anarchismus auf den Philippinen. Ich denke nach wie vor, dass dies ein großartiges Projekt wäre, dessen Bedeutung weit über die Philippinen hinausreichen würde. Die philippinischen GenossInnen fanden es besonders schwierig, die Frage der Sprache zu klären. Einige wollten sich auf Publikationen in Tagalog konzentrieren, was zweifelsohne die lokalen Bezüge stärken würde. Der Vorteil des Englischen hingegen läge offensichtlich in dessen internationaler Transparenz. Langfristig muss die Entscheidung natürlich kein Entweder-oder sein – es gibt ebenso ein Sowohl-als-auch.
Unabhängig von Fragen der Sprache ist die anarchistische Bewegung der Philippinen von großer Bedeutung, national wie international. Egal, was die SkeptikerInnen und ZynikerInnen auch sagen und wie schwierig die Bedingungen manchmal sein mögen, Grund aufzugeben gibt es nie. Es gibt immer Möglichkeiten, die Unterdrückten und Enteigneten zum Kampf anzuregen und die Reichen und Mächtigen in Unruhe zu versetzen. Es gibt immer Möglichkeiten, den Traum einer besseren Welt am Leben zu erhalten und angeblich unveränderbare Realitäten in Frage zu stellen. Die Schönheit des Anarchismus liegt nicht (nur) in einer entfernten Zukunft, sondern in jedem Moment von Selbstbestimmung, Solidarität und Rebellion – auf den Philippinen wie überall sonst.

Anarchie oder Akratie?
Zur Politik von Herrschaftsfreiheit.
Ein Gespräch mit Claudia von Werlhof

Gabriel: Vor ein paar Monaten warst du bei einer der Veranstaltungen, die ich zu meinem letzten Buch, *»Neuer Anarchismus« in den USA*, gemacht habe. Wir haben im Anschluss daran interessante Gespräche über Herrschaftsfreiheit, Anarchismus und feministische Politik geführt. Auffallend ist, dass du dich in deinen Arbeiten immer explizit gegen Herrschaft gewandt hast, was auch der zentrale Punkt anarchistischer Politik ist. Trotzdem hast du der anarchistischen Bewegung immer eher skeptisch gegenübergestanden.

Claudia: Das Merkwürdige an der Anarchismus-Diskussion ist, dass da praktisch nie erwähnt wird, dass die Herrschaftsfreiheit aus der matriarchalen Gesellschaft kommt. Warum wird das nicht gesagt, wenn man es angeblich mit Herrschaftsfreiheit zu tun hat? Das ist die Frage, die ich mir stelle. Denn das Problem ist ja, dass jemand, der den Staat als Herrschaftsform ablehnt, nicht zwangsläufig auch die Herrschaftsform von Männern über Frauen oder von Menschen über die Natur ablehnt. Das ist damit ja überhaupt noch nicht geklärt. Und innerhalb des Anarchismus sind ja auch oft patriarchale Verhältnisse beibehalten worden. Das ist ein Punkt, der mich stutzig macht.

Gabriel: Heißt das, dass du die Analyse von Herrschaft, wie sie in der anarchistischen Tradition formuliert wurde, für verkürzt hältst?

Claudia: Ja, sie ist in vielerlei Hinsicht verkürzt. Die Organisationsfrage ist nie wirklich geklärt worden. Aber die muss geklärt werden, wenn man eine andere Gesellschaft möchte. Da müssen wir beispielsweise über das Naturverhältnis sprechen, über die Technik und die Ökonomie, über die Geschlechterverhältnisse – aber auch über Vergangenheit und Zukunft, über die Ahnen und die nächsten Generationen, den Rückbezug und den Vorbezug. Dazu kommen die Fragen, die sich als spirituelle Fragen stellen: Woher kommt das Leben? Wo geht es hin? Es geht um jene Fragen, die sich als die Hauptfragen jeder Gesellschaft identifizieren lassen. Darauf müssten Antworten gegeben werden, aber im Anarchismus passiert das nicht.

Dort liegt das Hauptaugenmerk auf der politischen Form, und auch da gibt es nur beschränkt Antworten. Ein besonderer Schwachpunkt scheint mir immer die ökonomische Frage zu sein. Was essen Anarchisten eigentlich jeden Tag und wer stellt das her?

Gabriel: Was ökonomische Diskussionen betrifft, so hast du mit einigen Kolleginnen in den 1970er und 80er Jahren bahnbrechende Texte zur Subsistenzfrage veröffentlicht. In marxistischen Kreisen hat das zum Teil heftige Reaktionen ausgelöst, die auch bis heute anhalten. Hat es je irgendeine Auseinandersetzung mit euren Thesen aus dem anarchistischen Lager gegeben?

Claudia: Komischerweise nein, aber das ist wohl auch bezeichnend. Ich meine, wenn du dich positiv als Anarchist verstehst, solltest du ja an der Ökonomie interessiert sein und dich fragen, in was für einem Verhältnis du zum Kapitalismus stehst. Die Antwort kann nicht sein, in der Warenproduktion zu bleiben. Und auch nicht, sich auf das Konzept der Lohnarbeit zu konzentrieren. Die Arbeiter sind als Klasse historisch neu. Wenn es keine Fabrik gibt, gibt es auch keine Arbeiter. Aber Anarchisten haben oft gar nichts gegen die Fabrik, die wollen höchstens, dass sie von den Arbeitern übernommen wird. Wir fanden hingegen immer, dass der ganze technologisch-kapitalistische Komplex verschwinden soll. Da kannst du nur mit Subsistenz anfangen, was Anderes gibt's da gar nicht. Das ist das Gegenprogramm. Insofern müssten sich Anarchisten, die ihr Bekenntnis zur Herrschaftsfreiheit und Kapitalismuskritik ernst nehmen, mit der Subsistenzfrage beschäftigen.

Gabriel: Wie soll das konkret aussehen? Du weißt, es gibt in den USA ja diese primitivistischen Thesen?

Claudia: Anscheinend wird da aber auch Gewalt als politisches Mittel gutgeheißen. Wenn das stimmt, dann weiß ich nicht, was das mit Primitivismus zu tun haben soll oder mit Subsistenz. Es sei denn, es wird hier ein neues Patriarchat erfunden, das vielleicht postkapitalistisch, aber eben nicht postpatriarchal ist. Es wäre dann »primitiv« im negativen Sinne des Wortes, aber nicht im historischen, denn die meisten primitiven Gesellschaften waren bis zum Kolonialismus ja matriarchal organisiert. Die heutigen US-Primitiven würden vielleicht das erfinden, worüber Sigmund Freud spekuliert hat: die patriarchale Urhorde im Sinne einer »archaischen« Herrschaftsgesellschaft ohne

Staat. Wenn es so etwas gegeben hat, dann nur im Umkreis expandierender patriarchaler Weltreiche. Es wäre ein Witz, das erneut zu erfinden. Aber es liegt sicher innerhalb der Logik des Patriarchats, den Kapitalismus überleben zu wollen! Das ist ein Problem, das auf uns zukommt, aber noch kaum identifizierbar ist.

Gabriel: Auf die Gewaltdebatte will ich noch einmal zurückkommen. Aber zunächst noch eine Frage in Zusammenhang mit eurer Arbeit in den 70er Jahren: Gab es da auch eine Auseinandersetzung mit den explizit anarchafeministischen Theorien, die damals von Peggy Kornegger und anderen formuliert wurden? Wo der Kern des Anarchismus gewissermaßen mit dem Kern des Feminismus gleichgesetzt wurde, vor allem was Herrschaftskritik betraf.

Claudia: Na ja, für uns war Herrschaftsfreiheit selbstverständlich. Da brauchten wir nicht eigens auf eine Männerbewegung wie den Anarchismus zurückgreifen. Es gab damals auch alle möglichen feministischen Utopien. Aber für mich wurden auch in diesen Zusammenhängen nie die Grundfragen beantwortet, die ich zuvor erwähnte. Außerdem habe ich mich schon auch immer gefragt, warum sich Leute eigentlich als »Anarchist« oder »Anarchistin« bezeichnen. Ich habe da einen anderen Ansatz, was den Begriff anbelangt. Wenn man das vom Etymologischen her angeht, dann ist das mit dem Begriff der Arché ja noch gar nicht geklärt. Denn Arché heißt zunächst mal nicht »Herrschaft«, sondern »Ursprung«, »Anfang«, »Gebärmutter«. Das ist der alte Arché-Begriff. Erst im Patriarchat wird daraus ein Herrschaftsbegriff, erst zu dem Zeitpunkt also, zu dem die Männer sagen: »Wir sind diejenigen, die das alles unter Kontrolle haben! Wir sind selbst der Ursprung!« Da beginnt diese Umkehrung-Verkehrung-Verdrehung, die unsere heutige Gesellschaft kennzeichnet. In der anarchistischen Diskussion wird der Arché-Begriff immer nur in dieser zweiten, der patriarchalen Bedeutung verwendet, und so wird »Anarchie« dann zu »gegen die Herrschaft«. Aber wenn man den alten Begriff nimmt, dann hieße »An-archie« ja »gegen den Ursprung«. Ich habe entdeckt, dass solche Dinge oft etwas sagen. Die Tatsache also, dass die Bewegung nicht auf »A-kratie« abzielt – denn »kratía« ist der Begriff, der ursprünglich wirklich »Herrschaft« bedeutet – sagt etwas aus.

Gabriel: Der Begriff des Ursprungs war immer sehr wichtig in deinen Überlegungen.

Claudia: Auf jeden Fall. Wir kommen ja nicht als erwachsene Menschen vom Himmel gefallen. Ich denke, das wird in der anarchistischen Szene vernachlässigt. Das zeigt sich auch darin, dass es dort sehr viel um persönliche Sachen geht. Bei vielen Leuten, die ich aus der Szene so kenne, habe ich beispielsweise den Eindruck, dass das alles für sie hauptsächlich ein Teil ihrer Selbstfindung ist. Das sind also Einzelne, die eine Identität suchen, die von ihrem eigenen Ursprung absieht. Auf diese Weise können sich dann zum Beispiel auch Bürgersöhnchen mit allen möglichen Leuten tummeln, ohne dass ihnen ihre Herkunft vorgeworfen wird. Sie können einen Bruch machen mit der älteren Generation, um woanders neu anzufangen und sich woanders neu zu finden. Aber das ist ein typisch modernes Projekt: es geht nicht mehr darum, wo wir herkommen, sondern alle sehen sich als autonome Individuen, denen die Welt zu Füßen liegt. Das ändert erst einmal gar nichts an den Verhältnissen. Vielmehr spiegelt das jene persönliche Flexibilität wieder, die heute verlangt wird. Es wird ja verlangt, dass Menschen sich aus der Generationenlinie entfernen, gegen ihren Ursprung wenden und sich neu definieren. Viele Anarchisten reproduzieren das.

Gabriel: Aber was ist dann mit Leuten, die aus dem Bürgertum kommen? Das ist wohl legitim, diese Tradition nicht weiterführen zu wollen.

Claudia: Natürlich. Es geht ja nur um eine Anerkennung der Generationslinie, nicht um eine Identifizierung mit früheren Generationen. Ich meine, nehmen wir das Beispiel des Nationalsozialismus. Wer will denn mit den Nazi-Vätern identifiziert werden? Das ist ja völlig klar, dass die Leute dann sagen, damit will ich nichts zu tun haben. Aber trotzdem sind sie die Kinder von denen. Sich von dem, was die gemacht haben, zu distanzieren, ist natürlich richtig. Die Frage ist aber, was folgt dann daraus: reicht es, wenn ich mich anders definiere, oder muss ich nicht auch anders handeln? Und wie schaut es denn da bei den Anarchisten aus? Was ist denn deren Haupttätigkeit? Erfinden die eine andere Gesellschaft, eine andere Ökonomie, eine andere Welt, in der die Vergangenheit nicht wiedererstehen kann? Natürlich gibt es da Unterschiede zwischen den verschiedenen Gruppen, aber wie viele krempeln sich wirklich die Ärmel hoch und arbeiten am Aufbau einer neuen Gesellschaft? Das ist ja notwendig, zum Beispiel um die Rückkehr des Faschismus zu vermeiden. Sich neu zu definieren mag schön sein als erster Schritt, aber was kommt danach?

Gabriel: Was die Kritik der Szene anbelangt, so stören dich da auch einige kulturelle Dimensionen. Vor allem, was junge Anarchisten betrifft, die sich in der autonomen Szene verankert sehen, was ich ja auch tue.

Claudia: Ja, das stimmt. Also zunächst die ästhetischen Dimensionen. Das ist alles immer recht düster, die Farben – wenn man überhaupt von Farben sprechen kann – spiegeln das wider. Schwarz dominiert. Lebewesen wie Tiere – außer vielleicht Hunden – oder Pflanzen sind nicht vorgesehen. Die Sinne werden nicht angesprochen. Es gibt keine Musik, es sei denn die ganz harte. Man trifft sich im Keller und bleibt dort sitzen, auch im Sommer. Dann finde ich, dass die Leute alle sehr für sich alleine sind, um es so zu sagen. Die gegenseitige Wahrnehmung finde ich extrem eingeschränkt. Also jeder ist eine Elite für sich und stellt das dann auch zur Schau. Es gibt dann entsprechende äußerliche Attribute, die dazugehören. Aber diese Attitüden und Moden wirken nur dramatisierend und ich denk mir oft, was soll der Aufwand? Ich meine, ja, es gibt was Bohemehaftes dran und das ist auch sympathisch – aber dann fehlt auch schon wieder die künstlerische Seite davon, die die Boheme ja immer ausgezeichnet hat. Zudem fehlt oft dieser Impuls, dass man jetzt wirklich etwas machen will, dieses Sich-die-Ärmel-Hochkrempeln, von dem ich gesprochen habe, diese Lust daran, gemeinsam etwas Neues aufzubauen. Ich habe in diesen Zusammenhängen oft den Eindruck, das ist eine Sackgasse.

Gabriel: Offensichtlich ist auch, dass die Szene von Männern dominiert ist. Du meintest ja, dass die Szene von vornherein auf viele Frauen unattraktiv wirkt.

Claudia: Klar, Frauen kommen in der Szene kaum vor. Die wenigen Frauen, die man sieht, wirken meist ziemlich unglücklich, zumal die sich ja offenbar als Männer oder als so etwas Ähnliches wie Männer beweisen müssen. Oder sie werden nur als Beiwerk akzeptiert. Die Szene wirkt auf viele Frauen von vornherein unattraktiv. Das ist eine Männerszene. Auf deine Veranstaltung ging ich beispielsweise mit einigen anderen Frauen, die die Szene nicht so kannten. Die gingen raus und meinten: »Nein, das ist nichts für uns, da geht es nicht lang.« Dabei ging es nicht primär um politische Differenzen, sondern um die Atmosphäre. Da fehlen »weibliche Elemente«, was auch immer das genau heißen mag. Ich meine damit vor allem etwas

Fröhliches, Witziges, Quirliges. Es geht ja selten wirklich humorvoll zu. Und so geben wenige Frauen ihre Kraft dahinein, das merkt man genau. Es fehlen die lebendigen und zukunftsweisenden Elemente. Aber ohne die hat die Szene keine Chance. Wenn es keine lachenden Frauen gibt, kannst du die Sache vergessen.

Gabriel: Wir sprachen auch über den urbanen Charakter der Szene. Du hast dich besonders mit ländlichem Widerstand beschäftigt.

Claudia: Ja, die meisten Anarchisten in der europäischen Tradition sind städtische Gruppen gewesen. Dabei gibt's ja auch eine ganz andere Tradition. Auch die europäischen Bauern haben eine lange herrschaftsfreie Tradition. In unserem Raum ist das in den Bauernkriegen noch einmal deutlich geworden, da kamen die Bauern und sagten: »Wir wollen das alles nicht, wir wollen den Klerus nicht, wir wollen den Adel nicht, wir wollen auch den Staat nicht, wir wollen das alles los sein!« Das ist auch eine anarchistische Tradition, wenn man so will, aber darauf wird nie Bezug genommen. Alle sitzen in den Städten und niemand will sich mit den aufsässigen Bauern und Handwerkern und gerade auch Frauen am Beginn der Neuzeit identifizieren – genauso wie mit dem Matriarchat. All dies tritt irgendwie aus der Geschichte heraus. Dabei stellt sich die Frage, warum an dem nicht anknüpft wird, was die Geschichte zu bieten hat und was da dazugehören würde.

Gabriel: Das stimmt wohl, dass diese historischen Bezüge immer mehr aus der Diskussion verschwunden sind. Bei Gustav Landauer zum Beispiel spielte das ja noch eine Rolle. Aber das ist schon hundert Jahre her. Ich denke, dass sich seither auch gewisse Spaltungen vollzogen haben. Ich stimme dem zu, dass das, was heute als anarchistische Bewegung im euroamerikanischen Raum bekannt ist, hauptsächlich eine urbane Bewegung ist. Gleichzeitig gibt es nach wie vor Kommunenbewegungen mit anarchistischen Dimensionen, aber das konstituiert oft eine andere Szene. Ein Problem dabei ist vielleicht auch, dass heute vieles an den Kommunenbewegungen oft wie Rückzugspolitik oder gar Weltflucht wirkt.

Claudia: Das sieht nur aus städtischer und moderner Perspektive so aus. Aber es gibt da ein elitäres Element. Das ist oft mit dabei. Dieses Gefühl, eine Elite zu sein. Und dann wird es schwierig: dann hast du deine Kommune, aber du beginnst nicht, mit deiner Umgebung zusammenzuarbeiten. Du bleibst eine Enklave. So breitet sich nichts aus und nichts Neues entsteht, das wirklich nach und nach die Gesellschaft als ganze verändert. Dabei ist es genau das, was wir brauchen würden. Aber viele beschränken sich dann darauf, sich selbst als was Besonderes zu sehen, und glauben, was Besonderes geleistet zu haben – wobei oft genug noch nicht mal klar ist, worin das bestehen soll. Das hat mit dem patriarchalen Gurutum zu tun.

Gabriel: Du sprichst die Notwendigkeit gesellschaftlicher Veränderung an und die Frage, wie diese herbeigeführt werden kann. Gerade nachdem wir dieses Gespräch für die *Graswurzelrevolution* machen, wollte ich in dem Zusammenhang auch die sogenannte Gewaltfrage aufwerfen. Es ist ja jetzt, in dem Band von Ilse Lenz, *Die neue Frauenbewegung in Deutschland*, gerade wieder einmal deine Kritik an der Roten Zora nachgedruckt worden, die du veröffentlicht hattest, nachdem Texte aus euren Arbeitsgruppen der 70er und 80er Jahre in Anschlagserklärungen der Roten Zora zitiert worden waren. Du hast dich ja immer explizit gegen Gewalt als politisches Mittel ausgesprochen.

Claudia: Natürlich. Gewaltakte lösen weder akute Probleme noch die Probleme der permanenten Organisation der Gesellschaft. Das ist kein Mittel, mit dem man sich kurz- oder langfristig auf irgendetwas zu bewegen kann. Es ist eine Illusion zu glauben, mit Gewalt ließe sich positiv etwas verändern. Das halte ich für einen furchtbaren Fehler und für eine patriarchale Maßnahme. Gewaltverhältnisse gehören zum Patriarchat. Matriarchale Gesellschaften haben die Konflikte, die es immer gibt zwischen Menschen, gewaltfrei zu lösen versucht. Nicht mit Einsperren, sondern mit Wiedergutmachung. Wir sehen dieses Prinzip auch in den indigenen Gesellschaften: Wiedergutmachungsrecht statt Strafrecht. Auch Erzwingungsstäbe wie Polizei oder Militär gab's und gibt es in matriarchalen Gesellschaften nicht. Nicht weil dort alle die besseren Menschen waren oder sind, sondern weil eine klügere Politik gemacht wurde: eben keine Politik, die grundsätzlich auf Gewalt beruht. Jede Fortsetzung der Gewalttradition fällt für mich ins Patriarchat. Ich weiß auch nicht, was man mit Gewalt erreichen will. Gewalt ist schlicht kontraproduktiv. Sie nützt nichts. Und was die Geschichte mit der Roten Zora betrifft: Die haben versucht, uns als gesellschaftskritische Stimmen zu vereinnahmen für ihre Molli-in-den-Sexshop-Politik. Die wollten noch nicht einmal unsere Ideen für sich als ökonomische Strategien oder so reklamieren. Es ging nur darum, uns als radikale Systemkritikerinnen zu benutzen. Das war Blödsinn, das passte einfach nicht zusammen.

Gabriel: Was mich hier interessieren würde, wären auch die Erfahrungen, die du bei deinen Aufenthalten in unterdrückten und ausgebeuteten Gemeinschaften der Peripherie gemacht hast. Es gibt ja in anarchistischen oder linksradikalen Kreisen immer wieder das Argument, dass es ein Ausdruck gesellschaftlichen Privilegs ist, der Gewalt abzuschwören. Also so in etwa: Pazifismus als Mittelklasseideologie. Die Behauptung ist, dass Leute der westlichen Mittelklasse selbst so wenig mit Gewalt konfrontiert sind, dass es ihnen leicht fällt, diese abstrakt zu verurteilen, während Menschen unterdrückter Klassen ständig mit Gewalt konfrontiert sind und diese dadurch gewissermaßen zu einem selbstverständlichen politischen Mittel wird.

Claudia: Wenn an dieser Theorie etwas dran wäre, dann müssten Frauen ja besonders zur Gewalt neigen, weil Frauen dauernd Gewalt erleben. Es gibt keine Frau, die nicht wüsste, was Gewalt ist; in keiner Schicht und in keiner gesellschaftlichen Gruppe. Also, das kann ja so schon mal nicht stimmen. Außerdem haben die, die oben sind, auch alle mit Gewalt zu tun – auch wenn sie die Gewalt oft an andere delegieren und das nicht selber machen. Letztlich ist niemand frei von Gewalt und Gewaltverhältnissen. Ich halte mich demnach lieber an Leute wie Gandhi, die sagen: »Gewalt ist immer eine Lüge.« Gandhi war ja in vielerlei Hinsicht ein radikaler Denker, der dieses Problem der Gewalt zu Ende gedacht hat: Gewalt führt immer nur weiter zur Gewalt. Die Lüge der Gewalt ist, dass es gar nie wirklich um die Lösung eines Konflikts geht – wenn es darum ginge, würde man gar nicht zur Gewalt greifen, sondern man würde seinen Kopf benutzen. Unseren Kopf haben wir ja schließlich nicht nur zum Haareschneiden, sondern auch zum Nachdenken; zum Beispiel darüber, wie mit Gewalttätern umgegangen werden kann. Da haben matriarchale Gesellschaften ja ganz viele Mechanismen gehabt, um das Aufkommen von Gewalt zu verhindern, die auch zeigen, wie Gewalttäter einfach ins Leere laufen und wie Gewalt weder als System noch als Mittel zur Klärung sozialer Konflikte funktionieren kann. Das wird auch bei dem Anthropologen Pierre Clastres beschrieben, der sich mit den sogenannten primitiven Gesellschaften befasst hat. Dabei kann ich das auch auf einer ganz persönlichen Ebene sagen: als Frau, die in dieser Gesellschaft, wie alle Frauen, sehr oft von Gewalt bedroht ist, habe ich Gewalt nie als wirkungsvolles Mittel der

Verteidigung wahrgenommen. In der Regel macht das die Situation nur noch schlimmer. Wenn du aus gefährlichen Situationen herauskommen willst, wirst du das nicht über Gewalt schaffen – dir muss irgendwas einfallen. Was gefragt ist, ist Intelligenz und Erfahrung, nicht Gewalt. Du musst die Situation verstehen und einen Umgang mit ihr finden, der aus der Gewaltfixierung der Täter herausführt. Der enge Raum der Gewaltsituation muss geöffnet werden. Das heißt nicht, dass das immer gelingt. Aber es gibt dazu keine Alternative.

Gabriel: Ich muss dir die klassische Frage stellen, zumal das ja auch seit Jahren in der autonomen Szene zu hitzigen Debatten führt: Wie war das mit der militärischen Zerschlagung des Dritten Reichs?

Claudia: Es hätte gereicht, wenn Hitlers Politik nicht von Kapitalinteressen auch im Ausland unterstützt worden wäre. Hitler ist doch nicht im Alleingang so weit gekommen. Aber die Hauptfrage ist umgekehrt die, warum die Deutschen nicht im Inneren auf die alte Tradition des Widerstandrechts, ja der Widerstandspflicht gegen einen Usurpator der Macht zurückgriffen. Warum ließen sie es zu, dass der Nationalsozialismus sich so weit entwickeln konnte? Warum gab es so viel Akzeptanz für den Nationalsozialismus? Was hatte das mit dem modernen, futuristischen Patriarchat zu tun, das der Nationalsozialismus darstellte, und auf das erst jüngst die Arbeiten von Franco Ruault aufmerksam machten? Jedenfalls kommt mir die Suche nach Gründen für einen schließlich doch »gerechten Krieg« und eine sogenannte »gute Gewalt« reichlich patriarchal und irgendwie naivtrotzig, unreif, vor.

Gabriel: Das Gewalt gewissermaßen ein »natürliches« Konfliktlösungsmittel in Gesellschaften ist, der Auffassung scheinst du nicht zuzustimmen.

Claudia: Auf der Basis meiner Erfahrung würde ich sagen, dass die Völker an der Basis ja eigentlich alle friedlich sind, von den üblichen Affekthandlungen untereinander und dem patriarchalen Umgang mit Frauen einmal abgesehen. Man muss sich darüber wundern, nach dem, was sie alles ertragen haben, das ist erstaunlich. Ich denke, das ist ein matriarchaler Rest. Also, dass die Leute versuchen, im Prinzip friedlich miteinander klar zu kommen, auch z.B. in multiethnischen Gesellschaften, wie das heute heißt. Zum Beispiel auf dem Balkan, da hatten die Leute direkt eine Kunst entwickelt, miteinander zu leben und auszukommen, verschiedene Religionen, sogenannte Ethnien und so weiter, bis der Krieg gemacht wurde – der kam nicht von unten, von der Bevölkerung, der wurde von oben inszeniert. Ich sehe generell diese Gewaltbereitschaft in den unterdrückten und ausgebeuteten Schichten nicht, von der du zuvor gesprochen hast. Die Produktion, Ausrüstung und Einsetzung von Selbstmordattentätern gehört dabei im Übrigen auch nicht nach »unten«, sondern nach »oben«. Die meisten quasi von sich aus gewalttätigen Menschen sehe ich neben der jeweils von oben organisierten Gewalt in den unteren Mittelschichten der Städte. Junge Männer, die versuchen »aufzusteigen«, modern zu sein, am Konsum teilzuhaben. Jugendliche, die wütend sind, weil sie ihr Motorrad nicht gekriegt haben. Da gibt es viel Frust, der zu Gewalthandlungen führt. Es gibt hier einen Stadt-Land-Unterschied. Das Beispiel von Subcomandante Marcos zeigt das auch. Der ist als Guerrillero, als städtischer Kampfbereiter, in den Dschungel gegangen. Allerdings hat er sich dann dort von den Leuten vor Ort belehren lassen und nicht wie Che Guevara umgekehrt versucht, die indigenen Bauern von der Gewalt zu überzeugen. Marcos ließ sich von den Indios in Südmexiko ihr Weltbild erklären und entfernte sich aus der Guerilla-Position. Das ist ein wesentlicher Grund, warum diese Bewegung so erfolgreich wurde. Die sogenannte Zapatistische Befreiungsarmee ist ja keine wirkliche Armee, sondern nur eine Art und Weise zu zeigen, dass die Leute entschlossen sind, ihren Weg zu gehen und sich nicht aufhalten zu lassen. Das ist etwas Anderes. Das passiert nicht, indem geschossen wird, sondern indem man sich anders organisiert, eine andere politische und ökonomische Form aufbaut, das alte Naturverhältnis beibehält und dem militärischen Druck seitens der Regierung nicht weicht. Also, man arbeitet konkret daran, eine andere Gesellschaft aufzubauen. Dazu kannst du Gewalt nicht gebrauchen. Denn es braucht Vertrauen, viel Vertrauen.

Gabriel: Viel an deiner Kritik der anarchistischen Bewegung scheint sich darauf zu konzentrieren, dass zu wenig konkret getan wird. Wie siehst du das in Zusammenhang mit der sogenannten Antiglobalisierungsbewegung, die ja in vielen Ländern mit einem Wiedererstarken des Anarchismus in Verbindung gebracht wird. In dem Kontext passieren doch konkrete Sachen, oder?

Claudia: Ich kenne natürlich nicht alles, was da gegenwärtig unter dem Namen Anarchismus läuft. Was auffällt, ist, dass unsere Subsistenzperspektive immer aktueller wird. Gerade jetzt hat sich die Situation ja noch einmal verschärft mit Finanzcrash und Wirtschaftskrise. Konkrete Alternativen zu finden wird immer dringender in immer größeren Teilen der Welt, und das wird auch so gesehen und gespürt. Deshalb sehe ich gegenwärtig ein stärkeres Aufeinanderzugehen verschiedener Gruppen, das ist notwendig. Für viele Menschen stellt sich die Frage: Was mache ich jetzt? Joblos, kein Geld, kein Land und nichts. Es wird z.B. zu einer Reihe von Landbesetzungen kommen. Meine Erfahrung mit Bewegungen in der Peripherie ist, dass im Besonderen die Frauen und Kinder aufs Land gehen und es besetzen, weil sie etwas zu essen brauchen. Die Frage ist, ob die Männer das mitmachen oder ob sie sich hinterher das Land von den Frauen aneignen. Die Männer greifen leider immer wieder zur Gewalt, anstatt sich breit zu verbünden. Das heißt, die Männer müssen aufhören, an die Gewalt zu glauben, anstatt dass Frauen jetzt auch noch damit anfangen.

Gabriel: Abschließend noch einmal zum Namen des Anarchismus: Wenn sich Individuen oder Gruppen in dem Prozess, den du gerade beschrieben hast, also in dem Versuch, wirklich neue Gesellschaftsformen aufzubauen, als anarchistisch bezeichnen, dann hättest du da per se nichts dagegen? Es kommt vor allem darauf an, was sie machen?

Claudia: Die Frage ist schlicht, ob das nur ein Scherz ist, oder ob sie es ernst meinen. Man muss mehr tun, als nur darüber nachzudenken und zu reden. Es geht um eine Praxis. Und da stellt sich knallhart die Frage: Wer macht was? Wer kooperiert mit wem? Wie können wir das Leben neu organisieren? Das gilt nicht nur für den Anarchismus, sondern auch für die Antiglobalisierungsbewegung. Ich meine, wenn wir uns die verschiedenen Sozialforen anschauen, die aus dieser Bewegung erwachsen sind, klar, da können viele Leute was sagen – aber was tun die denn sonst? Natürlich ist das alles nicht leicht, das weiß ich. Ich meine, ich bin jetzt eine alte Frau. Wenn ich 20, 25 Jahre jünger wäre, würde ich auch noch einmal mit einigen meiner Studentinnen mitgehen, die das jetzt gerade machen, aufs Land gehen und eine Subsistenzkommune aufbauen. Das ist ja sehr vernünftig. Was sollen sie denn sonst machen jetzt? Auf die Lohnarbeitsplätze warten, die nicht kommen oder total beschissen sind? Das werden die anderen Studenten auch noch merken, da geht's nicht lang. Leicht ist die Änderung nicht, das weiß ich – ich war ja selber bei mehreren Versuchen dabei. Aber eure Generation, ihr müsst den Übergang jetzt schaffen – bald gibt's keine Wahl mehr.

Was sind Ex-ArbeiterInnen? Ein Gespräch mit CrimethInc.

Das Thema dieser Brand-*Nummer ist »Arbeit«. CrimethInc. nennt sich selbst ein »Ex-ArbeiterInnen-Kollektiv«. Was bedeutet »Arbeit« für euch und warum habt ihr euch von ihr verabschiedet?*

Nicht alle, die in CrimethInc. engagiert sind, haben Arbeit vollständig hinter sich gelassen. Darum geht es nicht. Worum es geht, ist, uns darauf zu konzentrieren, was wir außerhalb der kapitalistischen Ökonomie tun können. Wenn wir uns als »Ex-ArbeiterInnen« bezeichnen, wollen wir betonen, dass sich unser Leben hauptsächlich um das dreht, was wir außerhalb von Lohnarbeit und kapitalistischem Wettbewerb tun. Wir denken, dass kapitalistischer Wettbewerb diejenigen belohnt, die am rücksichtslosesten und egoistischsten sind. Wir denken, dass uns eine solche Ökonomie unserer Potentiale als Menschen beraubt und unsere Kreativität und Produktivität in Monster verwandelt, zum Beispiel in das Patriarchat oder die Umweltzerstörung. Diese Monster unterdrücken und zerstören uns. Je weniger eine Person zu diesen Prozessen beitragen kann, desto besser; und je mehr menschliches Potential wir außerhalb dieser Ökonomie verwirklichen können, umso effektiver können wir sie bekämpfen.
Im Rahmen kapitalistischer Ideologie gibt es manche Menschen, die sich mit ihrer Rolle als ArbeiterInnen identifizieren. Ihr Selbstwertgefühl stützt sich auf das, was sie produzieren und verdienen. Sie folgen der gleichen Logik wie die Ökonomie selbst. Es scheint heute jedoch viel mehr ArbeiterInnen zu geben, die sich nicht im Geringsten mit dieser Rolle identifizieren. Sie arbeiten, weil sie dazu gezwungen sind, ihre Rechnungen zu bezahlen. Ihr »wirkliches Leben« findet woanders statt. Zum Beispiel im Freizeitkonsum.
Es macht uns nicht automatisch zu RevolutionärInnen, wenn wir uns auf jene Teile unseres Lebens konzentrieren, die außerhalb unserer Arbeit liegen. Aber wir glauben, dass dies Spannungen erzeugt, die leicht revolutionäres Begehren entfachen können. Zum Beispiel, wenn wir etwas begehren, das uns die kapitalistische Ökonomie nicht bieten kann: etwa so frei und intensiv wie möglich zu leben – und zwar permanent. Solange der Kapitalismus existiert, wird dies für uns unmöglich sein. Das heißt, ein solches Begehren kann Menschen zu Revolte und Widerstand anregen.

Auch im Rahmen antikapitalistischer Ideologie gibt es manche, die sich mit ihrer Rolle als ArbeiterInnen identifizieren. Sie sehen den entscheidenden Aspekt des antikapitalistischen Kampfes in der Organisation am Arbeitsplatz, im gemeinsamen Stellen und Durchsetzen bestimmter Forderungen. So wird beispielsweise gemeinsam für höhere Löhne gestreikt usw. Im Idealfall übernehmen die ArbeiterInnen die Kontrolle der Arbeitsstätten und produzieren Güter, die von allen geteilt werden können, so wie es Marx beschrieb und wie es zum Ziel der AnarchosyndikalistInnen wurde. Aber seit 1848 hat sich viel geändert. Im Zeitalter des Klimawandels und der technologischen Entfremdung wird es immer schwieriger, sich vorzustellen, dass in unseren Arbeitsstätten überhaupt etwas Nützliches produziert wird. Dies ist ein weiterer Grund, warum wir glauben, dass es auch außerhalb dieser zu revolutionären Experimenten kommen muss. Dort, wo unsere Aktivitäten und unser Selbstverständnis nicht Zwangsproduktion und Wettbewerb unterliegen. Wenn wir ein Gebäude besetzen, um ein Soziales Zentrum daraus zu machen, oder wenn wir einen Really Really Free Market [einen Art Gratisflohmarkt] organisieren, dann erhalten wir ein klareres Bild von einer anderen Welt, als wir es unter der Herrschaft von ArbeitgeberInnen jemals erhalten könnten. Marx und Lenin mögen das bürgerlich nennen. Wir halten dem entgegen, dass wir uns genauso nach der Revolution sehnen, wie sie es taten, allerdings mit dem Unterschied, dass wir uns eine Gesellschaft ohne autoritäre Institutionen oder zerstörerische Massenproduktion vorstellen können.

Wenn wir uns als Ex-ArbeiterInnen bezeichnen, ist das also eine Herausforderung an uns selbst wie an andere, unsere Möglichkeiten außerhalb der gegenwärtigen Tauschökonomie zu erforschen, um diese Ökonomie bekämpfen zu können. Natürlich unterscheiden sich die entsprechenden Möglichkeiten von Individuen, Klassen, Geschlechtern oder Nationalitäten gemäß der Positionen, die sie innerhalb der gesellschaftlichen Strukturen und ihrer Unterdrückungsmechanismen einnehmen. In manchen Ländern – zum Beispiel in Korea – haben ArbeiterInnen kaum Zugang zu Ressourcen außerhalb ihrer Arbeitsstätten; außerdem nimmt die Arbeit den größten Teil ihres Lebens ein. Es bleibt ihnen kaum ein anderes Widerstandsmittel gegen den Kapitalismus als Arbeitsverweigerung. In anderen Ländern – zum Beispiel in Indien oder in vielen Ländern Afrikas – gibt es Millionen von Menschen, die von vornherein außerhalb des Arbeitsprozesses leben. Manche dogmatischen MarxistInnen meinen, dass sie damit nicht Teil des »revolutionären Subjekts« sein können; schließlich können sie keine Produktionsmittel übernehmen.

Wir hingegen glauben, dass auch in Angriffen auf kapitalistische Verteilungs- und Kontrollstrukturen revolutionäres Potential steckt. Denken wir etwa an die argentinischen Piqueteros oder die Straßenkinder, die in Afrika das World Social Forum gestürmt haben.
Lasst uns ehrlich sein, junge schwedische ArbeiterInnen: in Schweden und in den USA haben viele von uns ein enormes – und von vielen ungenutztes! – Potential, außerhalb der Tauschökonomie tätig zu werden. Es gibt soziale Mobilität und soziale Sicherheit (zumindest zu einem gewissen Grad) und viele Luxusgüter können auf Kredit gekauft werden. Leider führt dies dazu, dass viele ArbeiterInnen ihre Interessen mit denen der Mittelklasse verwechseln, anstatt für Freiheit und die Abschaffung des Kapitalismus zu kämpfen. Deshalb sehen wir es als eine unserer Hauptaufgaben an, der Verbreitung von Mittelklassewerten innerhalb der ArbeiterInnenklasse entgegenzuwirken. Solange sich ArbeiterInnen mit Mittelklassewerten identifizieren, werden sie sich auch mit den Gesetzen identifizieren, die die Mittelklasse und ihre Besitztümer schützen – und alles nur deshalb, weil sie vielleicht selbst irgendwann einmal Besitzende sein werden. Wir müssen demnach ein Wertesystem verbreiten, das Solidarität einen höheren Stellenwert einräumt als Eigentum. Ein Wertesystem, innerhalb dessen ArbeiterInnen (oder Ex-ArbeiterInnen!) in kollektiven Strukturen Erfüllung finden und nicht auf Konsum angewiesen sind – weder für ihr persönliches Glück noch für ihren gesellschaftlichen Status. Je weniger wir kaufen müssen, um uns gut zu fühlen, umso weniger sind wir unseren Feinden ausgeliefert. Das gilt auch für den Kampf am Arbeitsplatz: je weniger die Arbeitenden auf die Luxusgüter, die der Kapitalismus produziert, angewiesen sind, umso länger und kompromissloser können sie streiken.
Es kann zu wunderbaren Aktivitäten im Rahmen eines Streiks kommen. ArbeiterInnen können Theaterstücke über ihre Arbeitsbedingungen schreiben; sie können einander außerhalb der Zwänge des Arbeitsplatzes kennen lernen; sie können sich gegenseitig in vielfacher Hinsicht unterstützen; sie können in der Sonne stehen und gemeinsam ihre Stimme erheben; und manchmal können sie auch Konzerneigentum verwenden, um etwas zu produzieren, das wirklich ihren Wünschen entspricht.
Wir können vielleicht sagen, dass es »Ex-ArbeiterInnen« um einen Art permanenten Streik geht; darum, die »Produktionsmittel« mit unserer eigenen Zeit und Energie zu ersetzen. Dies könnte gleichzeitig ein weiterer Schritt dazu sein, ArbeiterInnen zu einem Generalstreik zu bewegen.

Ihr organisiert zahlreiche Projekte und publiziert eine beeindruckende Anzahl von Büchern und Zeitschriften. Ist das keine Arbeit?

Ich denke, wir sollten uns nicht zu lange mit semantischen Fragen aufhalten. Sagen wir es so: es gibt einen grundlegenden Unterschied zwischen freiwilliger Arbeit und Lohnarbeit. Offensichtlich haben wir nichts gegen »Arbeit« als solche – wir arbeiten wie wild an unseren Projekten. Und nicht alles macht Spaß. Es ist nicht lustig, sich mit Gerichten und Gefängnissen herumschlagen zu müssen, wenn unsere FreundInnen Prozesse haben und zu Freiheitsstrafen verurteilt werden. Und es ist auch nicht unbedingt lustig, den Abwasch zu machen, nachdem 300 Leute bei einem Really Really Free Market gegessen haben. Das Entscheidende ist jedoch, dass dies Aktivitäten sind, die wir selbst gewählt haben – und keine Aktivitäten, zu denen wir vom Kapitalismus gezwungen wurden.

Was heißt das in der Praxis? Wie können wir uns die Arbeit eines CrimethInc.-Kollektivs vorstellen, wenn es darum geht, ein Buch herauszugeben oder ein Festival zu organisieren? Es gibt CrimethInc.-Texte, die sich gegen verbindliche Treffen und Konsensentscheidungen richten, sogar gegen jede Form individueller Verpflichtung im Rahmen kollektiver Prozesse. Was passiert also, wenn ihr zusammenkommt, um ein Projekt zu planen?

Nachdem es keine CrimethInc.-Parteilinie gibt, lässt sich alles Mögliche in CrimethInc.-Texten finden. Manche Texte werden sich gegen Dinge aussprechen, die in anderen empfohlen werden. Unterschiedliche Situationen verlangen unterschiedliche Praktiken. So bedarf es manchmal Organisationsformen, die für eine große Zahl von Menschen funktionieren; Menschen, die sich zum Teil nicht kennen. Schließlich muss sichergestellt werden, dass alle eine Stimme haben. Aber sobald sich solche Strukturen verhärten oder zu formell werden, werden sie in der Regel fürchterlich anstrengend – und oft brechen sie einfach zusammen. Wir verwenden solche Strukturen daher nur dann, wenn es absolut notwendig ist; in dem Moment, in dem sie das nicht mehr sind, versuchen wir, sie aufzugeben. Wir glauben, dass das unserer Zusammenarbeit und unserem Kampf auf lange Sicht gut tut.
Natürlich können wir es uns leisten, besonders flexibel zu sein, weil wir keine Entscheidungen treffen müssen, die ganze Wohnviertel berühren. Wir arbeiten vorwiegend an spezifischen kreativen Pro-

jekten, und das geschieht auf der Basis von informellen – oder halbformellen – Konsensentscheidungen innerhalb von Gruppen, deren Angehörige sich lange kennen und viele grundlegende Ansichten teilen. Für uns hat sich diese Arbeitsweise als effektivste und beständigste erwiesen. Leute, die an einem Projekt zusammenarbeiten, haben in diesem Fall ähnliche Vorstellungen und wissen, was sie voneinander erwarten können. Wir müssen nicht immer wieder bei Null anfangen.

Es klingt so, als ob euer Verständnis von Arbeit stark an Lohnarbeit geknüpft ist. Offensichtlich sind viele Menschen von dieser abhängig, weil sie sonst ihre Miete nicht bezahlen könnten, kein Essen für sich und ihre Familien hätten usw. Was habt ihr diesen Menschen zu sagen?

Wir hoffen, dass das, was wir oben gesagt haben, deutlich gemacht hat, dass Arbeitsverweigerung für uns eine Strategie ist für Leute, die sie sich leisten können. Arbeitsverweigerung ist nicht der entscheidende Test dafür, revolutionär oder radikal zu sein. Noch einmal, Arbeitsverweigerung kann *ein* Ausgangspunkt für antikapitalistischen Widerstand sein, weil sie Menschen erlaubt, ihr Potential außerhalb der Tauschökonomie verwirklichen zu können. Sie ist nicht der einzige Ausgangspunkt, und nicht alle können Arbeit verweigern, zumindest nicht im gleichen Ausmaß.

Ihr kennst die Kritik, dass CrimethIncs Ex-/Nicht-ArbeiterInnen-Haltung überhaupt nur für junge, gesunde Individuen mit wenig sozialen Verantwortungen irgendeine Relevanz haben kann; vor allem für weiße Mittelklassesöhne und -töchter, die sich auf die Privilegien ihres sozialen Hintergrunds und ihrer Hautfarbe verlassen können, wenn es hart auf hart geht. Wie steht ihr dazu?

Arbeitsverweigerung ist eine Strategie, die verschiedene Formen annehmen kann. Offensichtlich sind manche Formen für manche Menschen besser geeignet als für andere. Wir sagen nicht, dass allein erziehende Mütter, die den ganzen Tag Böden schrubben, um ihre Kinder versorgen zu können, ihre Jobs aufgeben und auf der Straße leben sollen. Wir denken aber, dass AnarchistInnen, die gut bezahlter Lohnarbeit nachgehen, sich überlegen sollten, ob sie nicht mehr Geld in selbstverwaltete Kinderkrippen investieren wollen als in ihr Eigenheim. Wir sagen nicht, dass afroamerikanische Männer, die ständig von rassistischem Sicherheitspersonal beobachtet werden, klauen sollen (auch wenn sich viele dazu ohnehin gezwungen sehen). Wir denken aber, dass weiße Radikale, für die Klauen um vieles leichter ist, auf diesem Wege Suppenküchen versorgen können. Wir sagen nicht, dass »Freiheit« bedeutet, als Mittelklassekid die Schule zu schmeißen, Punkmusik zu hören und ein paar Jahre rund um die Welt zu trampen, um dann einen gut bezahlten Job in einer NGO anzunehmen. Aber wir denken, dass niemand frei ist, wenn nicht alle Entscheidungen treffen können, die wirklich auf ihren Wünschen beruhen und nicht auf ökonomischen Notwendigkeiten. Wir denken, dass der erste Schritt hin zu wirklicher Freiheit der ist, sein Leben lang Widerstand zu leisten (ob es dafür nun in irgendeiner Form ein Gehalt gibt oder nicht).

Ich glaube, dass AnarchistInnen in Ländern wie den USA oder Schweden ehrlich mit ihren Privilegien umgehen sollten. Das gilt für Leute aus der Mittelklasse genauso wie für Leute aus der ArbeiterInnenklasse. Wir alle haben Zugang zu Ressourcen und Möglichkeiten, die andere auf der Welt nicht haben, und wir schulden es diesen Menschen – und uns selbst – dieses Privileg zum Nutzen aller zu verwenden. Das bedeutet beispielsweise, Zeit, die viele der Lohnarbeit und damit hauptsächlich ihrem persönlichen Aufstieg innerhalb der kapitalistischen Gesellschaft widmen, lieber für das kompromisslose Bekämpfen des Kapitalismus zu verwenden. Die meisten Leute, die sich »hauptberuflich« in CrimethInc.-Projekten und anderen antikapitalistischen Aktivitäten engagieren, haben keine Bankkonten, keine Versicherungen, keine Pensionen und keine schicken Garderoben. Sie müssen sich oft von einer Mahlzeit zur nächsten klauen. Manchen unserer härtesten KritikerInnen geht es, finanziell gesprochen, wahrscheinlich um einiges besser.

Wie erklären wir eine Ex-ArbeiterInnen-Ethik in Gemeinden, in denen es enorme Arbeitslosigkeit gibt, beispielsweise in vielen Communities of Color in den USA, in zahlreichen Regionen Osteuropas, in vielen Ländern der sogenannten Dritten Welt? Normalerweise wird der Mangel an (Lohn)Arbeit dort als Problem aufgefasst. Es gibt AktivistInnen, die CrimethInc. in diesem Zusammenhang Zynismus vorgeworfen haben, vor allem auch angesichts des Spruchs auf der Erstausgabe eures Buches Evasion*: »Obdachlosigkeit. Arbeitslosigkeit. Armut: Wenn du keinen Spaß daran hast, machst du es nicht richtig.«*

ApologetInnen des freien Marktes verteidigen Konzernausbeutung der sogenannten Dritt-Welt-Nationen (das beinhaltet US-amerikanische Ghettos) immer mit dem angeblichen »Schaffen von Jobs«. Dabei wird meist vergessen, dass das Bedürfnis nach Jobs ein Resultat der Kolonisierung ist. Die Vorfahren der Leute, die heute ihr Leben der Lohnarbeit opfern müssen, hatten Zugang zu all den Ressourcen, die sie zum Leben brauchten. Was Menschen in Mexiko oder Brasilien benötigen, ist eine Landreform, nicht Konzernausbeutung. Ein Mangel an Lohnarbeit ist nur dann ein Problem, wenn wir kapitalistischer Logik verhaftet bleiben. Der wirkliche Zynismus liegt darin, Jobs für alle anstatt die Abschaffung des Kapitalismus zu fordern. Es gibt Menschen auf der ganzen Welt, die Lohnarbeit verweigern, selbst in den ärmsten Regionen, und es gibt immer noch nicht-kapitalistische Traditionen, die sich der Zerstörung ihrer Kultur durch Warenproduktion, Wettbewerb und Gewaltverhältnisse widersetzen. Darüber hinaus werden Sachen hier leicht durcheinander gebracht. Nur weil beispielsweise jemand in Belgrad einen Job braucht, um über die Runden zu kommen, heißt das noch lange nicht, dass ihm AktivistInnen in Malmö einen Gefallen tun, wenn sie malochen gehen, anstatt lokale anarchistische Projekte zu unterstützen oder internationale Solidaritätsarbeit zu leisten.

Evasion muss im Kontext dessen verstanden werden, was ich oben zum Unterwandern US-amerikanischer Mittelklassewerte gesagt habe. *Evasion* ist eine Abenteuergeschichte, in der der Protagonist das meiste aus einem Leben ohne Geld und Stabilität macht. Dies widerspricht der kapitalistischen Propaganda, der zufolge es ohne Geld weder Vergnügen noch Freiheit gibt. Viele junge Leute gelangen über eine unreflektierte Faszination mit *Evasion* zu ernsthafter antikapitalistischer Politik. Das Buch ist keineswegs repräsentativ für die meisten unserer Aktivitäten, aber in dem, was wir mit ihm beabsichtigten, war es überraschend effektiv. Ich glaube, dass es für AktivistInnen, denen das Buch nichts gibt, mehr Sinn machen würde, es einfach zu ignorieren, anstatt sich dauernd darüber aufzuregen.

Interessanterweise kommt praktisch die ganze Kritik an *Evasion*, die ich jemals gehört habe, aus der Mittelklasse oder von verbitterten ArbeiterInnen. Als das Buch gerade herausgekommen war, diskutierte ich es zum Beispiel mit zwei Männern bei einer Food-Not-Bombs-Mahlzeit. Einer war schwarz und in mittlerem Alter, einer weiß und obdachlos. Beide fanden das Buch klasse und auch der Text auf der Rückseite gefiel ihnen. Trotzdem haben wir diesen in den folgenden Auflagen weggelassen. Offensichtlich hatte er manche beleidigt, und das wollten wir respektieren.

Was ist mit Gewerkschaften? Mit Syndikalismus? Mit Klassenanalyse? Ist das alles veraltetes linkes Zeug oder hat es immer noch Relevanz, zumindest unter bestimmten Umständen?

Oh, Syndikalismus ist auf jeden Fall immer noch relevant, ganz klar! Ich denke, dass die meisten Leute, die in CrimethInc. aktiv sind, Syndikalismus als eine Ergänzung zu unserer Politik sehen, nicht als eine Konkurrenz. Es gibt auch einige, die in syndikalistischen Organisationen aktiv sind. Andere versuchen, Verbindungen zwischen Arbeitsverweigerung und ArbeiterInnenkampf zu schaffen, zum Beispiel indem sie Essen, das sie gestohlen oder containert haben, an TagelöhnerInnen oder Streikende verteilen.
Was die Klassenanalyse betrifft, so sagen wir nur, dass es nicht genug ist, unsere Interessen in dieser Gesellschaft ausschließlich als Interessen von ArbeiterInnen zu formulieren. Unsere Interessen außerhalb der kapitalistischen Strukturen sind genauso wesentlich für unsere Befreiung. Wenn wir diese nicht zu formulieren imstande sind, werden wir uns den kapitalistischen Voraussetzungen nicht widersetzen können.

Was sind die Aussichten für die Ex-ArbeiterInnen-Bewegung?

Nachdem sich der Kapitalismus immer mehr auf sogenannte prekäre Arbeit stützt, wird es wichtiger denn je, mit Widerstandsformen zu experimentieren, die außerhalb des Arbeitsplatzkampfes liegen. Es ist von entscheidender Bedeutung, einen Klassenkampf führen zu können, der nicht auf den Arbeitsplatz reduziert bleibt. Speziell in den USA, wo die meisten Gewerkschaften heute vollständig in die kapitalistische Maschinerie eingebunden sind und helfen, diese aufrechtzuerhalten. Solange wir sie nicht als widersprüchliche Ansätze missverstehen, können Anti-Arbeitskämpfe und Arbeitsplatzkämpfe einander nur bereichern.

Könnt ihr uns abschließend ein paar Beispiele dafür geben, was Ex-ArbeiterInnen tun, außer Bücher herauszugeben und Festivals zu organisieren?

In dem Ort, in dem einige von uns leben, einer Stadt mit weniger als 15.000 EinwohnerInnen, organisieren wir eine ganze Reihe von Projekten, die wir nie organisieren könnten, wenn wir alle Jobs hätten. Wir verteilen Essen in den zwei armen Vierteln der Stadt und besorgen

so oft es geht Frühstück für SaisonarbeiterInnen. Das ist alles kostenlos. Was wir brauchen, kriegen wir aus Containern und von solidarischen Geschäftsangestellten. Dies ist ein weiteres Beispiel dafür, was enge Beziehungen zwischen ArbeiterInnen und Ex-ArbeiterInnen möglich machen und wozu der Diebstahl bei Großkonzernen gut sein kann.
Einmal im Monat helfen wir bei der Organisation eines Really Really Free Markets, an dem Hunderte Menschen aus allen Gesellschaftsschichten zusammenkommen, um Waren und Dienstleistungen ohne kapitalistische Logik zu teilen. Wir organisieren einen kostenlosen Buchversand für Gefangene. Die Bedingungen in US-Gefängnissen sind fürchterlich und es besteht kaum Zugang zu Lesematerial. Wir betreiben ein kostenloses Zine-Distro mit ungefähr 6.000 Zines. Diese produzieren wir durch Diebstahl und Betrügereien. Wir verschicken sie, damit AktivistInnen sie bei Veranstaltungen verteilen können. Zudem gibt es Untergrund-Netzwerke, die kostenlose Gesundheitsfürsorge anbieten für Menschen, die sich keine leisten können, vor allem Frauen. Und natürlich haben wir Gärten, Bands, Lesekreise, Plakat- und Graffiti-Workshops – und großartige Feste.
Das sind nur ein paar Beispiele für das, was wir aus der Zeit machen, die uns zur Verfügung steht, weil wir außerhalb der kapitalistischen Ökonomie leben. Im Gegensatz zu Schweden gibt es in den USA keine öffentliche Förderung für soziale oder kulturelle Projekte, und so müssen wir das alles selber in die Hand nehmen. Vielleicht ist das auch gut so, weil wir niemals in Versuchung geraten, etwas zu tun, nur weil wir dafür vielleicht etwas mehr Geld bekämen.
Manchmal wird jemand von uns für Ladendiebstahl verhaftet, aber wir haben ein starkes UnterstützerInnennetzwerk und dies war noch nie ein ernsthaftes Problem. Zumindest nicht im Vergleich zu den langen Gefängnisstrafen, zu der einige unserer GenossInnen für radikalökologische Aktionen verurteilt wurden.

»Rewilding« or »Regressing«? Zum US-amerikanischen (Anarcho-)Primitivismus

Seit den erfolgreichen Protesten gegen das WTO-Treffen in Seattle 1999, an denen AnarchistInnen nicht unwesentlich beteiligt waren, ist oft von einer »Renaissance« des Anarchismus in den USA die Rede.[1] Eine der kontroversesten Strömungen ist dabei der sogenannte Primitivismus.[2]

Die Kernthese des Primitivismus besagt, dass der Ursprung von Autorität, Hierarchie und Herrschaft in der Sesshaftigkeit, Landwirtschaft und dem damit einhergehenden Domestizierungs- und Zivilisationsprozess liegt. In den Worten der HerausgeberInnen von *Green Anarchy*, der einflussreichsten primitivistischen Zeitschrift, ist der Primitivismus »schlicht ein anthropologisches, intellektuelles und experimentelles Studium der Ursprünge der Zivilisation, sowie der Bedingungen, die zu dem Alptraum geführt haben, in dem wir uns heute befinden«.[3] Der Zivilisation, die PrimitivistInnen »als den weltanschaulichen, institutionellen und materiellen Komplex von Domestizierung, Kontrolle und Herrschaft«[4] begreifen, werden – explizit oder implizit – nomadische Jäger-und-SammlerInnen als einzig wirklich anarchische Gemeinschaften gegenübergestellt.

Die mit Abstand bedeutendste Figur der primitivistischen Bewegung ist John Zerzan, ein Veteran der StudentInnenproteste der 1960er Jahre. Zerzan begann in den späten 1980ern, technologie- und zivilisationskritische Schriften zu veröffentlichen. 1994 erschien die stark rezipierte und viel diskutierte Aufsatzsammlung *Future Primitive*. Der Titelaufsatz des Bandes, in dem Zerzan unter Berufung auf eine Reihe anthropologischer Texte ein romantisches Bild prähistorischer menschlicher Existenz zeichnet, wurde zum Grundlagentext der

1 Siehe allgemein: Gabriel Kuhn (Hrsg.), *›Neuer Anarchismus‹ in den USA. Seattle und die Folgen*, Münster: Unrast 2008.

2 Manchmal wird der anarchistische Primitivismus als »Anarcho-Primitivismus« spezifiziert, um ihn von einem »autoritären Primitivismus« abzugrenzen. Außerdem bevorzugen seit einigen Jahren viele als PrimitivistInnen identifizierte AktivistInnen den Ausdruck »Grüner Anarchismus«. »Primitivismus« (ohne Spezifikation) bleibt jedoch – auch im anarchistischen Kontext – der geläufigste Begriff und gelangt somit auch hier zur Anwendung, um unnötige terminologische Komplikationen zu vermeiden.

3 *Green-Anarchy*-Kollektiv, »Was ist Grüne Anarchie? Eine Einführung in anti-zivilisatorische Theorie und Praxis«, in: Gabriel Kuhn (Hrsg.), *›Neuer Anarchismus‹ in den USA. Seattle und die Folgen*, a.a.O., S. 168.

4 ebda.

primitivistischen Bewegung. Weitere einflussreiche Aufsatzsammlungen Zerzans sind *Elements of Refusal* (1988) und *Running on Emptiness* (2002).[5]
Was oberflächlich betrachtet nach einer neu aufgelegten Version des »edlen Wilden« klingt, hat durchaus seine eigenen Charakteristika. Zwar mag es stimmen, dass Zerzan »in der Tradition der taoistischen Weisen, Diogenes' und Rousseaus steht«[6], doch unterscheidet sich der Primitivismus von dieser Tradition vor allem in zwei Punkten:
1. Nie zuvor wurden positive Bezugnahmen auf »wilde Gesellschaften« zur Grundlage einer Strömung innerhalb des Anarchismus als moderner politischer Weltanschauung. PrimitivistInnen bezeichnen sich dabei nicht nur als AnarchistInnen, sondern fordern oft genug ausschließlichen Anspruch auf die anarchistische Identität. Weite Teile der anarchistischen Geschichte und Bewegung werden von ihnen explizit zurückgewiesen. Der Anarcho-Syndikalismus etwa wird als »alter, langweiliger Mist« bezeichnet[7], Bakunin oder Chomsky als »peinliche Reliquien«[8], und der »klassische Anarchismus« als »eine erstarrte Sammlung von Ideen, die wenig mit den gegenwärtigen gesellschaftlichen Bedingungen zu tun hat«[9]. In diesem Sinne meint Zerzan mit Brenton Gicker: »Es wird immer deutlicher, dass Anarchie entweder primitivistisch ist – oder gar nichts.«[10]
2. Anarchistisch oder nicht, positive Bezugnahmen auf »wilde Gesellschaften« wurden auch nie zuvor mit Vorstellungen von revolutionären gesellschaftlichen Umwälzungen verknüpft. Um bei den oben zitierten Vergleichen zu bleiben: TaoistInnen ging es um politi-

---

5 Andere populäre technologie- und zivilisationskritische AutorInnen, die vor dem primitivistischen Label nicht zurückschrecken, sind etwa Derrick Jensen (vgl. etwa *Listening to the Land: Conversations about Nature, Culture, and Eros*, 1995, *A Language Older Than Words*, 2000, und vor allem *Endgame*, 2006) oder Cheldis Glenning (vgl. *When Technology Wounds*, 1990, oder *My Name is Chellis and I'm in Recovery from Western Civilization*, 1994). Als »Vorläufer« des Primitivismus wird oft Fredy Perlman genannt, der 1983 *Against His-Story, Against Leviathan* veröffentlichte.

6 »Interview—John Zerzan«, www.primitivism.com/zerzan.htm. – Alle Übersetzungen aus dem Englischen vom Autor. Alle Web-Referenzen wurden das letzte Mal am 25. Juni 2008 abgerufen.

7 Rezension von »Anarchism vs. Primitivism« und »The Inefficiency of Capitalism« von Brian Oliver Sheppard, in: *Green Anarchy*, Issue # 13, Summer 2003.

8 »Interview—John Zerzan«, a.a.O.

9 »A Dialog on Primitivism: Lawrence Jarach Interviews John Zerzan«, www.insurgentdesire.org.uk/dialog.htm.

10 John Zerzan/Brenton Gicker: »Anarchy in Eugene: A Sleepy College Town Explodes«, in: *Fifth Estate*, Summer 1999, Vol. 34, No. 2.

sche Enthaltung, Diogenes um individuelle Freiheit, Rousseau um soziale Reform. Ähnliches gilt für andere DenkerInnen der Geschichte, die mit den PrimitivistInnen verglichen worden sind, beispielsweise Henry David Thoreau: dieser wollte mit seinem *Walden*-Experiment wohl ein Beispiel für die Möglichkeit einer »einfachen« Existenz setzen, rief jedoch niemanden zu aktiver Rebellion auf. PrimitivistInnen begnügen sich nicht damit, auf »primitive« Gesellschaften zum Zwecke moralischer Ermahnung oder träumerischer Sentimentalität zu verweisen. PrimitivistInnen stellen Bezüge zu den »Primitiven« her, weil diese Bezüge einen Beitrag zur Zerstörung der Zivilisation, die »nicht reformiert« werden kann[11], leisten können – eine Zerstörung, die keine Kompromisse kennt: »Wenn das Wort [Revolution] für uns irgendeinen Sinn machen soll, dann muss es darum gehen, alles auseinander zu nehmen.«[12]

Es sind diese anarchistischen und revolutionären Ansprüche, die den Primitivismus eigentlich von rückwärtsgewandten Ideologien unterscheiden sollten, wie es auch der Titel von *Future Primitive*, Zerzans weiterhin bekanntestem Buch, suggeriert: das »Primitive« verweist hier in die Zukunft – nicht in die Vergangenheit. Noch Jahre später bestätigt das *Green-Anarchy*-Kollektiv, dass *Future Primitive* bedeutet, »dass primitive Techniken und Ideen mit zeitgenössischen anarchistischen Konzepten und Hoffnungen verbunden werden können, um starke, autarke, egalitäre und dezentralisierte Gemeinschaften zu schaffen«.[13] Es wird von »Mischformen alter Traditionen und neuer Aneignungen« gesprochen, »die an unsere Lebensumstände und die Komplexitäten modernen Lebens angepasst sind«.[14] Mit solchen Beschreibungen gehen Klarstellungen einher, dass es PrimitvistInnen nicht um ein »Zurück-zu« gehe, bzw. dass der Primitivismus »kein Ratgeber für eine Rückkehr in die Steinzeit« sei.[15] Allerdings handelt es sich dabei vorwiegend um ein pragmatisches Zugeständnis, nicht um weltanschauliche Überzeugung. Die PrimitivistInnen sprechen sich gegen ein »Zurück-zu« aus, weil ein solches realistisch nicht gefordert werden *kann* – nicht, weil sie davon überzeugt wären, dass es idealiter nicht gefordert werden *soll*.

---

11 *Green-Anarchy*-Kollektiv, »Was ist Grüne Anarchie?«, a.a.O., S. 169.

12 »Albert-Zerzan-ZNet-Debate«, www.zmag.org/summprim.htm.

13 *Green-Anarchy*-Kollektiv, »Was ist Grüne Anarchie?«, a.a.O., S. 168.

14 *Green Anarchy* and the Wildroots Collective: »Rewilding: A Primer for a Balanced Existence Amid the Ruins of Civilization«, Back to Basics, Vol. III, in: Green Anarchy #16, Spring 2004, S. 1.

15 ebda.

Tatsächlich vermittelt der Großteil der primitivistischen Texte den Eindruck, dass eine Rückkehr, wäre sie nur möglich, wünschenswert sei, und dass sie das Leben für die Menschen dieser Erde verbessern würde. Ziehen wir wiederum das HerausgeberInnenkollektiv von *Green Anarchy* als Beispiel heran: »Vor dem zivilisatorischen Zeitalter waren unsere Gemeinschaften im Allgemeinen von Müßiggang, bemerkenswerter Egalität der Geschlechter, einem nicht-zerstörerischen Verhältnis zur Natur, der Abwesenheit organisierter Gewalt, dem Fehlen vermittelnder oder formaler Institutionen, sowie Gesundheit und Widerstandsfähigkeit geprägt. Die Zivilisation brachte Krieg, Unterdrückung der Frauen, Bevölkerungswachstum, Sklavenarbeit, Armut, Hierarchie und praktisch jede uns heute bekannte Krankheit – um nur einige ihrer katastrophalen Auswirkungen zu nennen.«[16] Zerzan selbst meint, dass »Kopfjägerei, Kannibalismus, Sklaverei und Krieg erst mit dem Beginn der Landwirtschaft entstanden sind«, und dass »es so aussieht, als hätten Menschen vor langer Zeit und über Jahrtausende hinweg verstanden, wie gut es ihnen ging«.[17] Selbst in Bezug auf das »Zurück-zu« kommt Zerzan manchmal in Versuchung: »Ich bin nicht davon überzeugt, dass eine tatsächliche ›Rückkehr‹ völlig ausgeschlossen ist. Wenn es nicht um eine solche Rückkehr geht, worum dann?«[18] Oder: »Leute sagen immer wieder: ›Oh, du willst in Höhlen leben?‹ Naja, zu einem gewissen Grad ist das vielleicht wahr.«[19]
Die Rückwärtsgewandtheit – oder, wenn wir so wollen, die »Regressivität« – des Primitivismus zeigt sich freilich am deutlichsten in seiner Rhetorik, beispielsweise im primitivistischen Kernbegriff des »Rewilding«, das erklärt wird als »Sich-wieder-mit-der-Erde-Verbinden«[20], als »Rückkehr zur Wildheit«, als Wiederfinden unserer »ursprünglichen Quelle«, als »Erkennen von Wahrhaftigkeit«[21], als das, was uns wieder »ganz« werden lässt[22], als das, was uns »dorthin zurückführt, wo wir herkommen«.[23] Allgemein gesprochen, mag das englische Präfix »re-«, das »wieder-« und »zurück-« verbindet,

16 *Green-Anarchy*-Kollektiv, »Was ist Grüne Anarchie?«, S. 169.

17 John Zerzan, »Future Primitive Update«, in: *Anarchy: A Journal of Desire Armed*, #48, Fall/Winter 1999-2000.

18 »Interview—John Zerzan«, a.a.O.

19 » Anarchy in the US«, Interview mit John Zerzan, *The Guardian*, 18. April 2001.

20 *Green-Anarchy*-Kollektiv, »Was ist Grüne Anarchie?«, a.a.O., S. 181.

21 *Green Anarchy* and the Wildroots Collective: »Rewilding«, a.a.O. , S. 1.

22 *Green-Anarchy*-Kollektiv, »Was ist Grüne Anarchie?«, a.a.O., S. 181.

23 *Green Anarchy* and the Wildroots Collective: »Rewilding«, a.a.O. , S. 1.

als primitivistisches Steckenpferd bezeichnet werden. So ist das »rewilding« immer auch ein »reconnecting« (also ein »Wiederverbinden« – meist mit unserem »natürlichen Selbst«[24]) und manchmal auch ein »rekindling« (also ein »Wiederentfachen« – etwa unserer »instinktiven Natur«[25]). RedWolfReturns, einer jener PrimitivistInnen, die durch die einjährige Teaching Drum School in den Wäldern Wisconsins gegangen sind, um sich »earth skills« (wörtlich: »Erdfähigkeiten«) anzueignen, spricht auch von einem »re-indigenizing«: davon dass wir wieder zu indigenen Menschen werden und deren »alte Wege wiederbeleben« (»recreate« und »revive«) müssen.[26]

Dass jede Form von »Progressivität« immer mehr ins explizite Schussfeld primitivistischer Kritik gerät, wurde spätestens in der letzten Ausgabe von *Green Anarchy* deutlich, die einen Artikel mit dem Titel »Hope Against Hope: Why Progressivism is as Useless as Leftism« beinhaltet (»Hoffnung gegen Hoffnung: Warum Progressivität so nutzlos wie die Linke ist«).[27]

Die Linke ist seit langem ein Feindbild der PrimitivistInnen: »Die Linke stellt keine der grundlegenden Institutionen unserer Gesellschaftsordnung in Frage und reproduziert daher die herrschaftliche Lüge der angeblichen Neutralität von Technologie. ... Die Linke ist nicht radikal und war es nie wirklich. Ihre AnhängerInnen fordern keine der grundlegenden Voraussetzungen dieser verdorbenen Massenwelt und ihres Anti-Lebens heraus.«[28] Für John Zerzan »verdient sie auszusterben: Sie wird niemals ihre Kritik ausbauen oder vertiefen – aber das ist mir nur recht, denn sie ist eine Art Albatross und ist auf allen Linien gescheitert.«[29]

Eine Kritik des »Progressiven« sollte in diesem Sinne also nicht überraschen. Vor allem nicht in Zusammenhang mit der fortschrittsfeindlichen Weltanschauung der PrimitivistInnen. Vollkommen konsequent ist die primitivistische Terminologie hier freilich nicht. Das *Green-Anarchy*-Kollektiv etwa mag schon einmal fordern, »in neue

---

24 Gimili: »The Feral Fury Unleashed: Reconnecting With Our Wild Selves Through Violent Conflict With Our Oppressors«, in: *Green Anarchy* and the Wildroots Collective: »Rewilding«, a.a.O., S. 15.

25 ebda.

26 RedWolfReturns, »›Now What?‹ A Primitivist Strategy Proposal«, www.insurgentdesire.org.uk/nowwhat.htm.

27 in: *Green Anarchy*, Issue #25, Spring/Summer 2008.

28 *Green-Anarchy*-Kollektiv, »Leftism«, Back to Basics Vol. II, in: *Green Anarchy* #15, Winter 2004, S. 1.

29 »Anarchy in the US«, a.a.O.

Gebiete vorzudringen«[30], und der *Green Anarchist*, eine britische Zeitschrift mit primitivistischem Einschlag[31], hatte sich einst sogar um eine Umdeutung der Begrifflichkeit bemüht: »Die Zivilisation ist rückständig, primitive Gesellschaften sind fortschrittlich!«[32] Generell überwiegt jedoch seit langem jene Distanzierung vom »Progressiven«, die im Titel des oben erwähnten Artikels illustriert wird.
Die Kritik an linker und progressiver Politik, die im Kontext des gegenwärtigen Anarchismus in den USA weit über das primitivistische Lager hinausgeht, bedeutet für die sogenannten »post-linken« AnarchistInnen – zu denen sich die PrimitivistInnen rechnen – nicht, sich der Rechten zuzuordnen. Wie Jason McQuinn, bekanntester Fürsprecher der post-linken Anarchie (selbst jedoch kein Primitivist[33]) betont, sei die post-linke Anarchie »in keiner Weise eine Öffnung hin zur politischen Rechten: die Rechte und die Linke waren einander immer näher als sie es dem Anarchismus waren«.[34] Zurückgewiesen wird also das gesamte politische Links-Rechts-Szenario. Als Motto gilt: »Weder links noch rechts, sondern autonom.«[35]
Viele KritikerInnen des Primitivismus überzeugt dies nicht. Vor allem in europäischen Gefilden wird der Primitivismus oft als »rechts«, oder gar als »rechtsextrem« eingestuft. Aber auch in den USA selbst sind solche Zuschreibungen nicht unbekannt. Fred Woodworth, seit 1969 Herausgeber der anarchistischen Zeitschrift *The Match!* bezeichnete das *Green-Anarchy*-Kollektiv gar als einen »Haufen von Neo-Braunhemden«.[36] Solche Anklagen sind hart, doch wird ihnen von primitivistischer Seite aus auch Vorschub geleistet – etwa wenn in Zusammenhang mit dem primitivistischen Kulturpessimismus AutorInnen wie Oswald Spengler bemüht werden (vor allem in Texten Zerzans); wenn einige (wenige) PrimitivistInnen sich unter Bezugnahme auf den »Steinzeitkommunismus« Pol Pots als »khmer verts«

---

30 *Green-Anarchy*-Kollektiv, »Was ist Grüne Anarchie?«, a.a.O., S. 167.

31 *Green Anarchist* wurde 1984 gegründet. Innerhalb des HerausgeberInnenkollektivs gab es zahlreiche interne Streitigkeiten und Spaltungen. Seit Ende der 90er Jahre werden zwei Zeitschriften unter demselben Titel veröffentlicht.

32 *Green Anarchist* #38, Summer 1995.

33 Siehe etwa: Jason McQuinn, »Why I am not a Primitivist«, in: *Anarchy: A Journal of Desire Armed* #51, Spring/Summer 2001.

34 Jason McQuinn, »Post-linke Anarchie: Lassen wir die Linke hinter uns!«, in: Gabriel Kuhn (Hrsg.), *›Neuer Anarchismus‹ in den USA*, a.a.O., S. 196.

35 ebda.

36 in: *The Match!*, No. 101, S. 49.

bezeichnen; oder wenn sich PrimitivistInnen wie der »Kollapsist«[37] Kevin Tucker zu bedrohlich-nihilistischen Aussagen hinreißen lassen wie: »Ich halte den Zusammenbruch der Zivilisation für unvermeidlich und arbeite demnach sowohl daran, mich auf ihn vorzubereiten, als auch daran, ihn voranzutreiben – und ich tue dies ohne Bedauern.«[38] An dieser Stelle wird auch Michael Alberts am Primitivismus formulierte Kritik verständlich: »Aspekte unserer Existenz auszulöschen, auch wenn sie nichts mit unseren Problemen zu tun haben, macht unsere Politik nicht radikaler. Stattdessen geht sie von den Wurzeln unserer Probleme zu den Wurzeln unserer Existenz über und verschreibt Zerstörung als Kur. ... Es ist wahr, dass einem Krebspatienten nicht mit Aspirin geholfen werden kann. Es kann ihm aber auch dadurch nicht geholfen werden, ihn über den Haufen zu schießen. ... Die Logik hier ist, dass wir Herzkrankheiten und Krebsraten wesentlich dadurch reduzieren könnten, wenn wir alle Menschen umbringen, sobald sie 40 werden. Das stimmt wohl, ist aber nicht sehr inspirierend.«[39] In Zusammenhang mit dem oben zitierten »fehlenden Bedauern« der PrimitivistInnen meint Albert: »Wenn jemand herausfinden würde, dass Krebs für immer existieren wird, dass wir einfach nie ein wirksames Heilmittel gegen ihn entwickeln werden können – würden wir uns dann nicht erwarten, dass diese Person, wenn sie diese traurige Mitteilung öffentlich macht ... zutiefst betroffen wäre? Wenn dies nicht der Fall ist, würde zumindest ich die Fähigkeit dieser Person für menschliches Mitgefühl und Empathie ernsthaft in Frage stellen.«[40]
In vielen Punkten erachte ich die Kritik am Primitivismus für berechtigt. Gleichzeitig machen es sich manche KritikerInnen zu leicht. Beispielsweise, was das vorbehaltslose Abschieben des Primitivismus ins rechte Eck betrifft. Zustimmen würde ich all jenen, die es mit Mark Terkessidis halten, der bereits in den 1990er Jahren formulierte: »weder rechts noch links ist heute ... rechts«[41]. Dieser Problematik kommen weder PrimitivistInnen noch andere post-linke AnarchistInnen aus, noch all jene, die sich, aus welchen Gründen

---

37 Eine Variante des Primitivismus, die den »Kollaps« der Zivilisation als unvermeidlich erachtet und gleichzeitig als Bedingung für antiautoritäre, nicht-entfremdete, nicht-zerstörerische Lebensformen sieht.

38 Kevin Tucker, »Theses on the Fall of Civilization or, How I Learned to Stop Worrying and Embrace the Coming Collapse«, in: *Species Traitor* #2, 2002.

39 »Albert-Zerzan-ZNet-Debate«, www.zmag.org/summprim.htm.

40 ebda.

41 Mark Terkessidis, *Kulturkampf. Volk, Nation, der Westen und die neue Rechte*. Köln: Kiepenheuer & Witsch 1995, S. 115.

auch immer, über eine politische Links-Rechts-Teilung erhaben fühlen. Den PrimitivistInnen rechte Ideologie unterstellen zu wollen, ist trotzdem voreilig. Denn der Wille und die Überzeugung, eine »bessere Welt« zu schaffen, eine Welt ohne Herrschaft, Ausbeutung, Patriarchat oder Rassismus, eine Welt, die von Selbstbestimmung, Egalität und Solidarität geprägt ist, dürfen wir den PrimitivistInnen nicht absprechen. Es wäre nicht gerecht und würde unsere Kritik unglaubwürdig machen.
Auch wenn es naiv sein mag, so glauben PrimitivistInnen, reaktionärer Politik dadurch auskommen zu können, dass sie Reaktionäre in ihrer Rückwärtsgewandtheit gewissermaßen überholen. Nicht um patriarchale Ordnungen, Standesgesellschaften oder Monarchien geht es den PrimitivistInnen, sondern um eine Überwindung aller Ordnungen, Gesellschaften und Herrschaftssysteme – bis nichts mehr überbleibt außer kleinen, überschaubaren, »unmittelbaren« anarchischen Gemeinschaften. Paradox formuliert könnten wir sagen, dass die PrimitivistInnen die Reaktion mit ihren eigenen Mitteln schlagen wollen, um zu einem egalitär-antiautoritär-freiheitlichen Paradies zu gelangen. Philosophisch wird dies von Zerzans Infragestellungen des abendländischen Zeitkonzepts untermauert, dem zufolge es überhaupt keinen Sinn mehr machen würde, von »Progressivität« und »Regressivität« zu sprechen.[42]
Die Frage ist freilich, wie überzeugend dies ist. Was nämlich, wenn der Primitivismus letztlich nur die anarchistisch verkappte Speerspitze einer weit verbreiteten Zivilisationsmüdigkeit und allgemeinen Zukunftsangst darstellt und damit tatsächlich reaktionären Neigungen (und esoterischer Geschäftemacherei) weit zuträglicher ist als libertärer Politik? Und selbst wenn wir auf die »guten Intentionen« der PrimitivistInnen vertrauen: Ist eine »reaktionäre Überwindung der Reaktion« überhaupt möglich bzw. welche Risiken impliziert eine solche Taktik? Ich denke, es ist hier, wo die Kritik am Primitivismus anzusetzen hat, und wo die Gefahren des Primitivismus entlarvt werden. (Natürlich sind auch zahlreiche der anthropologischen Spekulationen, auf denen der Primitivismus aufbaut, fragwürdig. Doch will ich mich mit dieser Problematik hier nicht auseinandersetzen, zumal sich über Spekulationen schlecht streiten lässt.)
Die Antwort auf die Frage nach der Möglichkeit einer reaktionären Überwindung der Reaktion scheint einfach: Natürlich ist eine solche nicht möglich, da eine »Rückkehr« zu irgendetwas (was es nun auch

42 Vgl. beispielsweise »Enemy of the State: Derrick Jensen Interviews John Zerzan«, in: *Alternative Press Review*, Vol. 5, No. 1, Spring 2000.

sei) niemals möglich ist. Selbst wenn die »Zivilisation« vernichtet würde, würden wir zu nichts zurückkehren. Wir hätten – bei aller primitivistischen Zeitkritik – immer noch eine Zukunft vor uns und keine Zukunft kann je mit einer Vergangenheit vertauscht werden, egal wie sehr wir uns auch darum bemühen mögen.
Tatsächlich liegt genau in diesem Bemühen die entscheidende Gefahr: Wollen wir eine Vergangenheit an die Stelle einer Zukunft setzen, provozieren wir genau das, wogegen PrimitivistInnen an sich wettern und was sie der von ihnen so gehassten Linken vorwerfen, nämlich, eine »neue Ideologie zu etablieren« oder »einer eindimensionalen Weltsicht das Wort zu reden«[43] bzw. »einen neuen Rahmen oder eine neue Struktur zu schaffen, die bestimmen, wie wir leben sollen«[44]. Mit anderen Worten scheinen die PrimitvistInnen an dem eigenen Anspruch zu scheitern, »die Falle der Ideologisierung zu vermeiden«.[45] Als Folge sind sie tatsächlich nicht imstande, eine klare Distanz zu reaktionärer Politik zu bewahren; zu einer Politik, die ja – ungeachtet aller Behauptungen – selbst nie Vergangenes wiederherzustellen vermag, sondern (wirkliches oder konstruiertes) Vergangenes zur Legitimation gegenwärtigen und zukünftigen Terrors benutzt.
Dies führt uns zurück zur Frage der Progressivität bzw. zu unserem Verständnis des Begriffs, dessen historisch-politische Bedeutung mir im vorliegenden Zusammenhang von besonderer Bedeutung erscheint: Diese Bedeutung besteht nicht – wie von PrimitivistInnen und anderen oft unterstellt – darin, eine bestimmte endgültige Gesellschaftsordnung vorauszusetzen, auf die wir uns teleologisch hinbewegen. Sie besteht auch nicht darin, zu fordern, dass die Gesellschaft sich verändern muss – das forderten die Nazis auch. Sie besteht noch nicht einmal zwangsläufig darin, zu beanspruchen, dass sich die Gesellschaft ständig zum »Besseren« (einer offensichtlich höchst subjektiven und umstrittenen Kategorie) hin ändert. Die historisch-politische Bedeutung von »Progressivität« besteht darin, sich der Unweigerlichkeit historischer Veränderung zu stellen, diese als immanenten Teil des Lebens anzuerkennen und *selbstbestimmte soziale Veränderungen nicht einzuschränken*. Das ist es, was Progressive von Reaktionären unterscheidet: Die Akzeptanz von Veränderung und die Weigerung, dieser mit herrschaftlichen Maßregelungen zu begegnen.

---

43 *Green-Anarchy*-Kollektiv, »Was ist Grüne Anarchie?«, a.a.O., S. 166.

44 ebda., S. 168.

45 ebda.

Interessanterweise sprechen PrimitivistInnen von Anarchie auf eine Weise, die dieser Überzeugung entspricht: die Anarchie wird beschrieben als »eine formlose, flüssige, organische Erfahrung, die vielfältige Vorstellungen zu unserer Befreiung – persönlicher wie kollektiver – vereint und immer offen ist«.[46] Je stärker jedoch eine vermeintliche Vergangenheit idealisiert wird, desto schwieriger wird es, diese Erfahrung gewähren zu lassen, bzw. desto stärker verfangen wir uns in unrealistischen Bildern und stellen Forderungen auf oder greifen zu Taktiken, die beängstigen und in manchen Fällen tatsächlich jede anarchistische Glaubwürdigkeit verlieren.

Will der Primtivismus als ernstzunehmende libertäre politische Strömung betrachtet werden, bedarf es eines progressiven Selbstverständnisses. Das »Future« in *Future Primitive* müsste wieder stärker betont und die primitivistische Rhetorik von ihren rückwärtsgewandten Präfixen befreit werden. Würde die primitivistische Bewegung in diesem Sinne ein klares Bekenntnis zu progressiver Politik ablegen, ließe sich die rechte/reaktionäre Gefahr womöglich bannen, und primitivistische Ideen könnten damit inspirieren und bereichern – bei all ihrer Kuriosität, oder gerade deshalb. Da es jedoch so aussieht, als hätten sich viele PrimitivistInnen mittlerweile dafür entschieden, nicht- oder gar anti-progressiv zu sein, wird ihre Politik bedenklich – und die entsprechende progressive Kritik an ihr berechtigt.

---

46 ebda.

Anarchistische Visionen

Die Vision des heute oft so genannten »klassischen Anarchismus« war relativ leicht zu definieren. Trotz unterschiedlicher Richtungen – von Proudhons Mutualismus bis zu Kropotkins Anarchokommunismus – gab es ein gemeinsames Streben nach einer Gesellschaft ohne Staat und Klassen, einer Gesellschaft geprägt von Gleichheit und Gerechtigkeit. Zumindest galt dies für den größten Teil der anarchistischen Bewegung, oft unter dem Begriff des »Sozialanarchismus« zusammengefasst. Die Visionen der »IndividualanarchistInnen« waren oft weniger klar. Stirners »Verein der Egoisten« beispielsweise konnte vieles bedeuten – oder, aus einer gewissen Perspektive, gar nichts.
Um 1920 fiel der klassische Anarchismus in eine schwere Krise. Staatliche Repression, der Nationalismus des Ersten Weltkriegs und die Bolschewistische Revolution zerstörten die Struktur, Energie und Hoffnung der Bewegung. Die kurze Euphorie, die mit Beginn des Spanischen Bürgerkriegs aufkam, wurde bald von der großen Enttäuschung der Niederlage abgelöst. In den folgenden Jahrzehnten war der Anarchismus weltweit kaum von Bedeutung.
Zu einem Wiederaufleben des Anarchismus kam es in Zusammenhang mit den sozialen Bewegungen der späten 1960er Jahre. Die Desillusionierung sowohl bezüglich des kapitalistisch-parlamentaristischen Gesellschaftsmodells als auch des sowjetischen Staatssozialismus (der eher Autorität und Staatsmacht zu zementieren schien als Bedingungen für eine klassenlose Gesellschaft zu schaffen), die von antikolonialen Kämpfen im Trikont ausgehende Inspiration sowie die Frustration über den »eindimensionalen«, alleine auf bornierten ökonomischen Fortschritt fixierten Menschen schufen in vielen Ländern politische und kulturelle Protestbewegungen mit stark anarchistischen Dimensionen.
Es war freilich nicht derselbe Anarchismus, der wiederkehrte. Viel hatte sich seit 1920 (und seit 1936) geändert. Ideologische Kämpfe hatten für viele AnarchistInnen der neuen Generation ihre Bedeutung verloren. Dies führte oft zu dem Urteil, dass der neue Anarchismus »weniger politisch« gewesen sei. Es ist jedoch schwierig zu bestimmen, was politisch ist und was nicht. Augenscheinlich ist, dass sich viele AnarchistInnen der 1960er Jahre in ihrem Aktivismus auf kulturelle und alltägliche Aspekte des gesellschaftlichen Lebens konzentrierten. Viele, die eine anarchistische Politik praktizierten – wenn wir damit eine Politik meinen, die sich gegen institutionalisierte Au-

torität richtet –, nannten sich noch nicht einmal AnarchistInnen, nicht zuletzt aufgrund der anti-ideologischen Vorbehalte. Sie waren »SituationistInnen«, »Yippies« oder »Provos«. Der klassische Sozialanarchismus wurde oft genug als altmodisches und langweiliges Politikmodell gesehen, das sich auf gesellschaftliche und ökonomische Institutionen konzentrierte und die Bedeutung eines aufregenden und rebellischen Alltagslebens unterschätzte. Es fehlte der Aufstand gegen das, was Guy Debord die »Gesellschaft des Spektakels« genannt hat. Oft wurden konkrete Ideen für zukünftige gesellschaftliche Organisationsformen als Hindernis für freie individuelle und kollektive Entwicklung gesehen. Worum es ging, war das Hier und Jetzt.
Es überrascht daher nicht, dass viele AnarchistInnen, die sich immer noch als Teil der sozialanarchistischern Tradition begriffen, wenig Gefallen an diesen neuen Tendenzen fanden. Im Jahr 1970 publizierte der bekannte Anarchosyndikalist Sam Dolgoff den Aufsatz »The Relevance of Anarchism for Modern Society«. Er schrieb darin von »bürgerlichem Neoanarchismus« und leitete mit den folgenden Worten ein: »Wollen wir die Relevanz anarchistischer Ideen für die gegenwärtige moderne Industriegesellschaft untersuchen, so muss als erstes der Unterschied deutlich gemacht werden, der zwischen dem heutigen ›Neoanarchismus‹ und dem klassischen Anarchismus eines Proudhon, Bakunin oder Malatesta besteht. Mit wenigen Ausnahmen werden wir über die Trivialität und Oberflächlichkeit der Ideen, die von den modernen AnarchistInnen vertreten werden, verwundert sein.« Dolgoff brachte die Ansichten vieler SozialanarchistInnen auf den Punkt. In ihren Augen konzentrierten sich die neuen AnarchistInnen ausschließlich darauf, Spaß zu haben – alles Andere würde sich von selbst regeln. Für die SozialanarchistInnen bedeutete dies, dass den neuen AnarchistInnen Visionen fehlten.
Der Konflikt setzte sich in den 1980er und 90er Jahren fort und kulminierte in der Debatte um Murray Bookchins *Social Anarchism or Lifestyle Anarchism: An Unbridgeable Chasm* (1995). Bookchin war seit 1970 die wichtigste Figur innerhalb des nordamerikanischen (und vielleicht globalen) Anarchismus. Seiner Ansicht nach befand sich der Anarchismus »an einem Wendepunkt in seiner langen und turbulenten Geschichte«. Das entscheidende Problem lag in Bookchins Worten darin, dass »Tausende von selbsternannten AnarchistInnen langsam den sozialen Kern des Anarchismus zugunsten eines alles durchdringenden Yuppie- und New-Age-Persönlichkeitkults aufgegeben haben, der diese dekadente, verbürgerlichte Ära kennzeichnet«. Was diese AnarchistInnen laut Bookchin verloren hatten, war »die

revolutionäre gesellschaftliche Vision, die den Kern des Sozialanarchismus ausmacht«. Bookchin betrachtete Ideen, wie sie beispielsweise von Hakim Bey in *T.A.Z.* (1991) vertreten wurden, als einen Verrat an dem traditionellen Ideal einer anarchistischen Gesellschaft.

Bookchin schrieb, dass er dieses Ideal anhand einer »kritischen Analyse des Lifestyle-Anarchismus« in seinem Buch retten wollte. Diese Intention wurde verfehlt. Das Buch machte die Gräben nur noch tiefer. Die Kritik an Bookchin fand ihren Höhepunkt in Bob Blacks Polemik *Anarchy After Leftism* (1997), einem Buch, das als erstes großes Manifest der »post-linken Anarchie« gilt: einer Strömung innerhalb des gegenwärtigen Anarchismus, die meint, dass alles, was mit »Organisation« zu tun hat (was auch immer das nun heißen mag) »links« und damit abzulehnen ist, da Linke immer schon die größten Feinde der AnarchistInnen gewesen seien. Bookchin frustrierten diese Debatten dermaßen, dass er sich Ende der 90er Jahre vollständig vom Anarchismus distanzierte.

Obwohl viele AnarchistInnen heute von der »Sozialanarchismus-vs.-Lifestyle«-Debatte genug haben, setzt sich der Konflikt fort. Es ist nicht schwierig, dafür Beispiele zu finden. Michael Albert – dessen »partizipatorische Ökonomie« von David Graeber und Andrej Grubacic als eine »anarchistische ökonomische Vision *par excellence*« bezeichnet wird – schreibt etwa, dass das größte Problem des zeitgenössischen Anarchismus in »fehlenden Visionen« bestehe. Andererseits schreiben Mitglieder des anarchoprimitivistischen Zeitschriftenkollektivs *Green Anarchy*: »Wir werden oft nach unserer gesellschaftlichen Vision gefragt, nach der Welt, für die wir kämpfen oder in der wir gerne leben würden – für AnarchistInnen ist es wichtig, diese Frage immer offen zu lassen.« Der Streit zwischen diesen Ansichten geht so weit, dass Leute sich gegenseitig aus der anarchistischen Bewegung ausschließen. In einer Online-Debatte zwischen Michael Albert und dem Anarchoprimitivisten John Zerzan nennt Zerzan die partizipatorische Ökonomie ein »durch und durch linkes Modell«, an dem er »als Anarchist« nicht interessiert sei. Albert hingegen schlägt vor, dass Zerzan seine Theorien »Zerzanismus« nennen solle, weil sie nichts mit Anarchismus zu tun hätten.

Ein weiteres Beispiel ist die Debatte rund um das CrimethInc.-Kollektiv, das für viele als Paradebeispiel eines zeitgenössischen Lifestyle-Anarchismus gilt. In einer Rezension ihres Buches *Days of War, Nights of Love* (2001) meint Ramor Ryan: »In Wirklichkeit gehen die Ideen von CrimethInc. selten über jene von TeenagerInnen in den

Suburbs hinaus, die sich gegen Autorität auflehnen. Festgefahren im Punk und der Crust-Subkultur beschränkt sich die praktische Anwendung all ihrer großen revolutionären Theorien anscheinend darauf, eine Band zu gründen, in einem Park zu ficken, vegan zu werden oder – *oh, mein Gott, jetzt geht's aber wirklich los!* – gefälschte Eintrittskarten fürs Kino zu verteilen.« Auch Ryan macht vor der Definitionsfrage nicht halt: »CrimethInc. sind keine SozialistInnen, und es stellt sich die Frage, ob sie überhaupt AnarchistInnen sind und nicht einfach nur *libertines.*«

CrimethInc. hat darauf Antworten parat. Für sie ist die Diskussion um ein anarchistisches Zukunftsmodell eine »Fangfrage«. Sie sehen Anarchie nicht als »eine Utopie, ein Programm oder ein Ideal« und fordern dazu auf, »die Männer mit den Bärten« zu vergessen. In ähnlicher Plakativität leitet die mit CrimethInc. verbundene Curious George Brigade ihr Buch *Anarchy in the Age of Dinosaurs* (2003) [auf Deutsch 2006 als *DIY. Anarchie im Zeitalter der Dinosaurier* bei Unrast erschienen] mit dem Kapitel »Wie ich den Spanischen Bürgerkrieg vergaß und die Anarchie lieben lernte« ein.

Was an diesen Diskussionen seltsam scheint, ist nicht, dass es unterschiedliche Auffassungen zum Anarchismus gibt. Die hat es immer gegeben, auch innerhalb des sogenannten »klassischen Anarchismus« – und das ist gut so. Es wäre schwierig, ein revolutionäres Moment in einer sozialen Bewegung auszumachen, in der es keine internen Debatten gibt. Was seltsam scheint, ist, dass sich so viele AnarchistInnen auf die Streitpunkte konzentrieren anstatt auf die Gemeinsamkeiten. Erstens schwächt dies die Bewegung – und zweitens gibt es keinen Grund dafür. Wenn wir hinter die Wörter blicken, um die gestritten wird, und die Beschuldigungen außer Acht lassen, die sich GenossInnen gegenseitig an den Kopf werfen, dann können wir erkennen, dass die Unterschiede so groß gar nicht sind. In jedem Fall nicht größer als die Gemeinsamkeiten. Es ist schließlich kein Zufall, dass alle Streitenden den Anarchismus für sich beanspruchen. Der Grund ist, dass alle in dem Wunsch vereint sind, der die anarchistische Bewegung seit jeher treibt: eine freie und egalitäre Welt zu schaffen. Ob das nun eine »Vision« genannt wird oder nicht, ist zweitrangig. Was zählt, ist die Existenz einer »Ahnung«, eines »Bildes«, einer »Vorstellung«, die alle teilen. CrimethInc. spricht ständig von der Wichtigkeit von »Träumen« für anarchistische AktivistInnen. Die AnarchoprimitivistInnen rund um *Green Anarchy* nennen ihr jährliches Treffen *Feral Visions*. Und auf der anderen Seite des Konflikts? Dort schreibt Michael Albert beispielsweise, dass er sich von niemandem »die Vision einer zukünftigen Religion, ethnischen Identität, Sexualität, Reproduktionsform oder gesellschaftlichen Beziehungen« erwarte, »noch nicht einmal eine zukünftige Vision von Produktion, Konsumption und Verteilung«. Alles, was er sich wünsche, seien Ideen für »Kollektivität und Zusammenarbeit«. Ähnlich bescheiden äußert sich die irische anarchokommunistische Föderation Workers Solidarity Movement, die CrimethInc. einen »subkulturellen Kult« genannt hat: sie schreibt in ihrem Programm, dass »wir nicht genau voraussagen können, wie die Zukunft aussehen wird«.

Es ist selbstverständlich, dass ein geteiltes Bekenntnis zum Anarchismus nicht garantieren kann, dass wir in allem übereinstimmen. Wie bereits erwähnt, soll dies auch nicht so sein. Doch muss der Anarchismus selbst als eine Vision verstanden werden, die wir teilen – und die uns deshalb auch vereinen sollte.

Gerade weil dies so trivial klingt, stellt sich die Frage, woher die Konzentration auf die Streitpunkte kommt. Dass dies der Bewegung schadet, ist offensichtlich. Die Antwort auf die Frage ist zweifelsohne komplex. Doch mag einer der Gründe sein, dass es einfach zu viele Männer in der anarchistischen Bewegung gibt, die um Definitionsmacht kämpfen und sich zu persönlicher Rivalität hinreißen lassen. Es ist in dem Zusammenhang interessant, wie sich die wenigen Frauen, die innerhalb der anarchistischen Bewegung Bedeutung erlangt haben, zu internen Kontroversen und Spaltungen verhalten haben: Gegen Ende des 19. Jahrhunderts proklamierte Voltairine de Cleyre in den USA einen »Anarchismus ohne Adjektive«, um den Konflikt zwischen SozialanarchistInnen und IndividualanarchistInnen zu mildern. Emma Goldman wird von Bookchin als Vertreterin einer »anarchokommunistischen Ideologie« beschrieben, die gleichzeitig »individualistischen Ideen« nahe stand (Bookchin wirkt beinahe verärgert, Goldmann nicht einordnen zu können). Von besonderem Interesse für die gegenwärtige Debatte mag Peggy Korneggers einflussreicher Aufsatz »Anarchism: The Feminist Connection« aus dem Jahre 1975 sein.

Kornegger spricht in diesem Aufsatz viel von »Vision(en)«. Dabei geht es nicht darum, welche Visionen richtig oder falsch sind oder ob jemand zu viel oder zu wenig Vision hat. Kornegger weist schlicht darauf hin, dass es »Visionen bedarf, die so herrlich und so stark sind, dass sie uns vorwärts treiben«; sie betont die Wichtigkeit einer »Gemeinschaft von Visionen« sowie die Notwendigkeit, »unsere Visionen miteinander zu teilen, um den Gefahren entgegenzuwirken, die Missverständnisse und Spaltungen zwischen uns schaffen«; und sie erinnert uns, dass der Anarchismus selbst eine »Vision ist, die dadurch realisiert wird, dass sie gelebt wird«. Es ist schwer vorstellbar, dass AnarchistInnen – von Albert bis Zerzan – sich gegen diese Feststellungen aussprechen würden. Warum werden sie dann aber nicht ernst genommen? Ich muss diese Frage offen lassen. Eine Antwort würde unserer Bewegung jedoch wesentlich weiterhelfen können.

Ob Geschlecht hier wirklich Rolle spielt, müssen andere entscheiden. Es wäre zweifelsohne bedenklich, mit Klischees von streitsüchtigen Männern und harmoniebedürftigen Frauen zu operieren. Nichtsdestotrotz gibt es interessante historische Unterschiede im Umgang mit bewegungsinternen Konflikten. Dass es großteils Männer waren, die diese Konflikte schürten und die anarchistischen Debatten im Allgemeinen bestimmten, wissen wir – was auch immer das bedeuten mag. Worum es letzten Endes einzig gehen kann, sind solidarische Debatten, die uns vereinen, anstatt uns zu spalten.

Anarchismus im 21. Jahrhundert?
Herausforderungen, Möglichkeiten, Perspektiven

Die anarchistische Bewegung hat international in den letzten zehn Jahren eine Stärke erreicht, die ihr seit dem frühen 20. Jahrhundert nicht mehr zugekommen ist. Die Krise des Marxismus ist dafür ebenso verantwortlich wie eine Reihe neuer sozialer Kämpfe (Prekarität, Klimaveränderung usw.) sowie eine relativ starke anarchistische Bewegung in den USA, die, vielleicht ironischerweise, aufgrund der Hegemonie US-amerikanischer Kultur weltweit inspiriert.
Allgemein gesprochen bleibt die größte Herausforderung für anarchistische Politik diejenige, die sie immer war: nämlich eine Antwort auf die Frage zu finden, wie Staat und Kapital zu überwinden sind bzw. wie es zu Gemeinschaften kommen kann, die auf der Basis von Egalität und Solidarität freie individuelle Entwicklung ermöglichen. Entsprechende Diskussionen charakterisieren die anarchistische Bewegung seit jeher und werden das auch weiterhin tun.
Im Rahmen dieses Aufsatzes wird sich die Frage nicht lösen lassen. Zudem denke ich, dass sich entsprechende Antworten nur aus einer anarchistischen Praxis ergeben können. In diesem Sinne möchte ich meine Aufmerksamkeit hier vor allem auf Herausforderungen richten, welche die anarchistische Bewegung selbst betreffen – Herausforderungen, für die wir damit auch zu einem großen Teil selbst verantwortlich sind und die uns einen relativ großen Handlungsspielraum lassen.
Ich denke dabei vor allem an jene Widersprüche, die sich aus einer Bewegung mit egalitären und herrschaftsfreien Ansprüchen ergeben, die vorwiegend männlich, weiß und in der Mittelklasse der fortgeschrittenen Industrieländer verankert ist. Dies trifft nicht nur auf die gegenwärtige anarchistische Bewegung zu, sondern ist Teil ihrer Geschichte. Praktisch alle bekannten VertreterInnen des Anarchismus waren weiße Männer (Ausnahmen wie Louise Michel, Lucy Parsons, Voltairine de Cleyre oder Emma Goldman bestätigen die Regel) und der Großteil von ihnen entstammte dem sozial und ökonomisch privilegierten Bürgertum oder gar der Aristokratie. Dies gilt international – nehmen wir etwa Michael Bakunin und Peter Kropotkin als Beispiel – ebenso wie im deutschsprachigen Raum – auch hier entstammen die zwei prominentesten Vertreter, Gustav Landauer und Erich Mühsam, bürgerlichen Familien. Die Verankerung des Anarchismus in den fortgeschrittenen Industriegesellschaften wurde seit jeher von mar-

xistisch-leninistisch KritikerInnen betont, die den Anarchismus als »Erscheinungsbild des (Klein)Bürgertums« verunglimpften. Ich glaube nicht, dass diese Kritik den Kern des Anarchismus trifft (sonst würde ich mich kaum für die Bewegung einsetzen), doch berührt sie einen wunden Punkt, der selbstkritischer Analyse bedarf.
In den letzten Jahrzehnten – grob gesprochen seit der »zweiten Welle« des Anarchismus, zu der es in Zusammenhang mit den sozialen Protesten der späten 1960er Jahre kam – wurden die erwähnten Charakteristika anarchistischer Kultur einer weit stärkeren internen Kritik unterzogen als dies im 19. und zu Beginn des 20. Jahrhunderts der Fall war. FeministInnen und People of Color trugen wesentlich zur Benennung der Probleme sowie zu entsprechender Bewusstseinsbildung bei. Sie zogen auch entsprechende Konsequenzen. So entstand in den 1970er Jahren sowohl ein expliziter »Anarcha-Feminismus« als auch ein selbsttitulierter »Black Anarchism«. Auch in linksradikalen und dem Anarchismus nahe stehenden Kreisen im deutschsprachigen Raum wurden diese Probleme zunehmend thematisiert und diskutiert. Der Text »Drei zu Eins. Klassenwiderspruch, Rassismus und Sexismus« von Klaus Viehmann und GenossInnen, erstveröffentlicht 1990, mag als eines der wichtigsten Beispiele gelten.
In weiterer Folge wurden die Probleme häufig genug thematisiert, um bei manchen GenossInnen aufgrund vermeintlicher Redundanz nur noch Augenrollen auszulösen. Nur: Augenrollen löst keine Probleme – und macht sie auch nicht weniger dringlich. Nach wie vor spiegelt die anarchistische Bewegung Machtverhältnisse wider, die sie zu bekämpfen beansprucht. Dies scheint mir kein Grund, die Bewegung für obsolet zu erklären – zudem ich selbst ein weißer Mann mit privilegiertem sozioökonomischem Hintergrund bin. Die Frage, die sich mir stellt, ist nicht die der Abdankung, sondern die eines glaubwürdigen Umgangs mit den Realitäten unserer Bewegung.

Was die Umgangsformen mit den skizzierten Widersprüchen im Allgemeinen betrifft, so lassen sich seit den 70er Jahren grob vier Ansätze ausmachen:

1. Verleugnung
Wie ich meine, überraschenderweise begegnet uns diese Reaktion immer wieder. Zumindest wird die Problematisierung der Situation als übertrieben aufgefasst. Dazu einige Fakten:
Was die männliche und weiße Dominanz der Szene betrifft, so lässt sich auf aussagekräftige Quellen verweisen: etwa die AutorInnen-

verzeichnisse anarchistischer Anthologien oder die RednerInnenlisten anarchistischer Veranstaltungen; die Zusammensetzung anarchistischer Verlags- bzw. Zeitschriftenkollektive; die Personen, die innerhalb anarchistischer Projekte und Organisationen als besonders einflussreich gelten, usw. Persönliche Beobachtungen lassen sich hinzufügen: Ich habe im letzten Jahr rund 40 Veranstaltungen zu anarchistischen Themen im deutschsprachigen Raum gemacht. Der Prozentsatz von Männern, die zu den Veranstaltungen kamen, lag bei etwa 80%. Den Raum, den Männer in den Diskussionen einnahmen, bei 95%. Was die Teilnahme von Menschen mit Migrationshintergrund betrifft, so waren die Prozentsätze noch unausgewogener. In anderen Ländern sieht es, wie ich es aus eigener Erfahrung und auf der Basis von Gesprächen mit GenossInnen beurteilen kann, kaum anders aus.
Die Klassenzugehörigkeit anarchistischer AktivistInnen ist aus verschiedenen Gründen weniger eindeutig, doch ist eine Dominanz des studentischen Mittelklassemilieus evident. Bezeichnend scheinen mir in diesem Zusammenhang die Diskussionen innerhalb anarchosyndikalistischer und anarchokommunistischer Kreise (die in der Regel den relativ größten Anteil an ArbeiterInnen aufweisen) zu der Frage, wie sich »bessere Beziehungen zu ArbeiterInnen« aufbauen ließen – was den Schluss nahe legt, dass nicht al zu viele GenossInnen in diesen Kreisen selbst ArbeiterInnen sind.
Was die Verortung des Anarchismus in den fortgeschrittenen Industrienationen betrifft, so sollte auch hier ein empirischer Überblick genügen: Die stärksten anarchistischen Bewegungen gibt es in den Ländern Europas, Nordamerikas, in Australien, Neuseeland, Japan, Israel und den lateinamerikanischen Schwellenländern Brasilien, Argentinien, Uruguay und Mexiko. Dazu kommen einzelne anarchistische Gruppen in Kuba, Venezuela (verfolgt von den staatssozialistischen Regimes) und anderen lateinamerikanischen Staaten, sowie in einigen asiatischen Ländern, etwa in China (wo es historisch eine relativ starke anarchistische Bewegung gab, die von nationalistischen wie maoistischen Strömungen zerschlagen wurde), Südkorea oder den Philippinen, und in wenigen arabischen Ländern, etwa im Libanon, in Jordanien oder Ägypten (oft mit starken Bindungen nach Europa). In Südafrika schließlich ist anarchistisches Engagement fast ausschließlich in der Zabalaza Anarchist Communist Front konzentriert, die allerdings bemerkenswerte Arbeit leistet und im Augenblick international eines der ambitioniertesten und aufregendsten anarchistischen Projekte darstellt. Trotzdem wäre es in all diesen

Ländern – eventuell mit Ausnahme der Philippinen, wo es zur wohl stärksten Konzentration lokal verankerter anarchistischer Strömungen im Trikont kommt – eher vermessen, von anarchistischen »Bewegungen« zu sprechen. In jedem Fall bleibt in den weitesten Teilen Afrikas, Asiens und Ozeaniens, ebenso wie in vielen Ländern Lateinamerikas, der Anarchismus als politische Bewegung praktisch unbekannt.
An dieser Stelle wird eine Unterscheidung wichtig, die mir von großer Bedeutung scheint. Es handelt sich um die Unterscheidung zwischen einer »herrschaftsfreien Politik« und einer »anarchistischen Politik«. Was »Herrschaft« bzw. »Herrschaftsfreiheit« genau bedeuten, lässt sich lange diskutieren und kann in diesem Text nicht aufgelöst werden. Ich muss daher bitten, die folgenden Definitionen für die Absicht des Textes zu akzeptieren: »Herrschaftsfreie Politik« ist demnach Politik, die sich für Lebensformen ohne institutionelle Autorität und hierarchische Strukturen einsetzt bzw. für Lebensformen, in denen – wie eingangs formuliert – Menschen auf der notwendigen Basis von Egalität und Solidarität ihr Leben frei entfalten können. »Anarchistische Politik« wäre dann schlicht herrschaftsfreie Politik, die sich »anarchistisch« nennt.
Diese Unterscheidung ist nicht nur Haarspalterei. Sie ist vor allem deshalb von Bedeutung, weil die Abwesenheit anarchistischer Bewegungen in den meisten Ländern des Trikont nicht den Schluss nahe legen darf, dass es dort keine Ansätze herrschaftsfreier Politik gibt. Im Kontext dieses Aufsatzes ist das vor allem für die noch zu formulierenden bündnispolitischen Überlegungen von Bedeutung.

2. Lamentierung

Dieses Phänomen ist weit verbreitet: Anarchistische AktivistInnen stimmen der Dringlichkeit der oben formulierten Probleme zu und drücken ihr diesbezügliches Bedauern aus – und machen weiter wie bisher. Es ist die Hoffnung dieses Diskussionsbeitrags, dabei zu helfen, über eine solche Haltung hinauszugelangen.

3. Rekrutierung

Unter denjenigen AktivistInnen, die sich nicht mit Lamentieren zufrieden geben, finden sich bis heute starke Tendenzen, einen »Rekrutierungsansatz« zu verfolgen: es wird überlegt, wie Menschen, die in der anarchistischen Bewegung unterrepräsentiert sind, für diese gewonnen werden können. Die Motivationen sind meist nobel, doch die Resultate gewöhnlich mehr als dürftig. Rekrutierungsversuche lassen in der Regel viele jener Aspekte unproblematisiert, welche die anarchistische Bewegung für viele der »zu Rekrutierenden« von Anfang an wenig attraktiv machen. An erster Stelle die Tatsache, dass es sich um eine Gruppe von AktivistInnen handelt, welche die politische Wahrheit für sich beanspruchen und sich in ihrem Umgang mit anderen vor allem die Frage stellen, wie diesen die politische Wahrheit am besten zu vermitteln sei. Es überrascht nicht, wenn dies als Bevormundung aufgefasst wird – vor allem dann nicht, wenn die Rekrutierenden den gesellschaftlichen Gruppen entstammen, die allgemein für die Bevormundung gesellschaftlich unterprivilegierter Gruppen verantwortlich sind. Mit anderen Worten führen Rekrutierungsversuche oft zu wenig mehr als zu sogenannter »positiver Diskriminierung« und werden als elitär und paternalistisch erfahren. Oft verschlechtern sich die Beziehungen zwischen allen Beteiligten dadurch nur. Rekrutierende AktivistInnen werden als besonders penetrant, sogar besonders heuchlerisch wahrgenommen. Der Anarchismus entfremdet sich als politische Bewegung von vielen jener Menschen, für die er zu kämpfen vorgibt; gleichzeitig zeigen sich viele AktivistInnen aufgrund ausbleibender Erfolge oder gar feindseliger Reaktionen oft enttäuscht und desillusioniert und kehren ihrerseits dem anarchistischen Aktivismus den Rücken.

4. »Ally Politics« bzw. »Verbündeten-Politik«

Vor allem in Nordamerika hat sich in den 1990er Jahren eine Solidaritätsform innerhalb der radikalen Linken entwickelt, die sich unter dem Aufhänger »Ally Politics« bzw. »Verbündeten-Politik« zusammenfassen lässt. Am bekanntesten sind dabei die Konzepte des »male ally« bzw. »white ally«. Diese Konzepte bauen auf der Überzeugung auf, dass die effektivste Form, in der Männer bzw. als weiß definierte Menschen Unterstützung für die Kämpfe von Frauen bzw. nicht-weißer Menschen leisten können, in der solidarischen Unterstützung dieser Kämpfe besteht, das heißt, in einer Unterstützung, die keine leitenden Rollen beansprucht. Das bedeutet nicht Passivität. Das Dekonstruieren der eigenen männlichen bzw. weißen Identität ist ein Teil des Kampfes für den Männer bzw. Weiße selbst verantwortlich sind. Worum es geht, ist jedoch, den Bedürfnissen, Interessen und Entscheidungen im antipatriarchalen bzw. antirassistischen Kampf derjenigen zu folgen, die in erster Linie unter patriarchalen und rassistischen Strukturen zu leiden haben.

Dieser Ansatz hat sich meines Erachtens, trotz vieler Schwierigkeiten, als insgesamt fruchtbringend erwiesen, und ich denke, dass er sich auf die anarchistische Bewegung als Ganze übertragen lässt. Solange die anarchistische Bewegung so aussieht, wie sie es gegenwärtig tut, kann sie ihre Glaubwürdigkeit als emanzipatorische Bewegung vor allem darüber sichern, sich als starker und verlässlicher Verbündeter all jener zu erweisen, die von staatlicher Unterdrükkung und kapitalistischer Ausbeutung besonders hart getroffen werden und gegen diese ankämpfen.

Hier spielt, wie ich meine, die oben vorgenommene Unterscheidung zwischen »anarchistischer« und »herrschaftsfreier« Politik ihre bedeutende Rolle. Viele Menschen, die in einem herrschaftsfreien Sinne politisch aktiv sind, nehmen nicht deshalb Abstand von der anarchistischen Szene, weil ihnen deren Prinzipien und Ideale nicht geheuer sind, sondern weil sie sich in ihr aus bestimmten Gründen nicht zuhause fühlen. Manche wollen sich nicht in Schubladen stecken lassen oder mit ideologischen Labels belasten. Dies scheint jedoch nicht der Hauptgrund zu sein. Vielmehr scheint es sich um soziokulturelle Differenzen zu handeln, die Distanz schaffen. Diese haben ihrerseits tiefe Wurzeln. Der Anarchismus hat sich im europäischen Patriarchat entwickelt; dies spiegelt sich seit jeher in seiner sozialen Zusammensetzung und seinen kulturellen Ausdrucksformen wider.

Ein zeitgenössisches Beispiel ist die enge Verbindung, die seit Ende der 1970er Jahre zwischen dem Anarchismus und der Punk/Hardcore-Kultur besteht – einer Kultur, die ebenfalls stark männlich und weiß geprägt ist. Ian MacKaye, Veteran der Punk/Hardcore-Szene in den USA, Mitglied in Bands wie Minor Threat oder Fugazi und wohnhaft in Washington, DC, einer zu 70% nicht-weißen Stadt, war in zahlreiche Projekte involviert, welche die »Weißheit« der Szene aufzubrechen versuchten. Vor kurzem meinte er in einem Interview, zu der Überzeugung gelangt zu sein, dass es letztlich einen einfachen Grund für die Zusammensetzung der Punk/Hardcore-Szene gäbe: »Weiße Kids sind wohl diejenigen, die gerne Leute mit einer Gitarre auf einer Bühne herumspringen sehen. Warum das so ist, weiß ich nicht.« Rekrutierungsversuchen erteilt auch er eine Absage: »People of Color sind sicherlich fähig, selbst zu entscheiden, was sie sehen wollen und was nicht. Es ist respektlos, ihnen diese Fähigkeit abzusprechen.«

Ich zitiere aus diesem Interview, weil MacKayes Aussagen meines Erachtens die Bedeutung illustrieren, die soziokulturelle Bedingungen für die Zusammensetzung einer bestimmten Szene haben, ungeachtet aller politischen Orientierungen. Das heißt auch, dass diese Zusammensetzungen nicht einfach durch politische Einsichten beseitigt werden können. Ich würde an dieser Stelle die Behauptung wagen, dass selbst wenn sich – ein fernes Ideal! – alle Anarchisten

zu den besten Antisexisten entwickeln und alle AnarchistInnen die besten AntirassistInnen werden, sich an der Demographie der Bewegung nicht allzu viel ändern würde. Soziale Konventionen und kulturelle Ausdrucksformen haben nicht zu unterschätzenden Einfluss.
Dies bedeutet in keiner Weise, dass wir uns nicht weiter darum bemühen müssen, die anarchistische Bewegung so offen wie möglich zu gestalten; und schon gar nicht, dass wir eine Entschuldigung für die Aufrechterhaltung eines privilegierten weißen Männerklubs haben. Alle sozialen Bewegungen werden umso sympathischer und spannender je offener sie sind, und universale anarchistische Ideale über Bord zu werfen wäre fatal. Jede Gemeinschaft profitiert von Offenheit, Dynamik und Diversität – das gilt auch für anarchistische.
Allerdings: Wir müssen nicht notwendigerweise verzweifeln, wenn die Zusammensetzung unserer Bewegung ihren Idealen widerspricht. Wie gesagt, dafür sind nicht (nur) politische Gründe verantwortlich, sondern oft soziale und kulturelle. Das heißt auch, dass wir in jedem Fall glaubwürdige herrschaftsfreie Politik machen können, solange wir in der Lage sind, als glaubwürdige Verbündete zu agieren. Einen Aspekt, den es in diesem Zusammenhang auch zu bedenken gilt, sind die geringeren politischen Ausweichmöglichkeiten, die linksradikalen weißen Männern zukommen. Damit ist Folgendes gemeint: Die anarchistische Szene scheint unter anderem deshalb so stark von weißen Männern dominiert zu sein, weil sich Frauen und People of Color – ebenso wie ArbeiterInnen oder Menschen des Trikont – in einer Reihe von autonomen Gruppen organisieren können, die alleine über die Zugehörigkeit zu ihnen eine subversive Identität vermitteln. Diese Gruppen sind für privilegierte weiße Männer oft unzugänglich – so wie es ihnen unmöglich ist, eigene autonome Gruppen zu schaffen, die denselben Zweck erfüllen. Es bleibt ihnen daher, etwas salopp formuliert, bei subversiven politischen Ambitionen oft wenig anderes übrig, als sich in Bewegungen mit universalem Anspruch zu verorten – in denen sie dann oft alleine bleiben.
In Bezug auf die anarchistische Bewegung entsteht dadurch ein bedauernswerter Zirkel: Weil sie so stark von privilegierten weißen Männern bestimmt ist, schließen sich viele andere der Bewegung gar nicht erst an oder verlassen sie bald frustriert. Das heißt wiederum, dass innerhalb der Bewegung die Reproduktion mehrheitsgesellschaftlicher Machtverhältnisse nicht genügend herausgefordert wird (bzw., einfach formuliert: dass die privilegierten weißen Männer nicht von anderen lernen können) und sich demnach auch leicht weiter fortsetzt. Die anarchistische Bewegung ist also, wie sie ist, weil Men-

schen bestimmter gesellschaftlicher Gruppen sich ihr nur in bescheidenem Maße anschließen – genau deshalb kann es jedoch nur schwer zu Änderung kommen.
Dies bestätigt die Tatsache, dass die anarchistische Bewegung nicht nur aus politischen Gründen mit internen Widersprüchen zu kämpfen hat. Wiederum hilft Lamentieren wenig – die Konzentration auf eigene Transformation und Bündnisfähigkeit scheint um vieles aussichtsreicher.

Bündnisfähig müssen wir sowohl für Menschen sein, die herrschaftsfreie Politik machen, ohne sich (aus welchen Gründen auch immer) als »anarchistisch« zu bezeichnen, als auch für Menschen, die sich Staat und Kapital sowie anderen Unterdrückungs- und Ausbeutungsformen in besonderem Maße ausgeliefert sehen. Wesentlich dafür sind selbstkritische Reflexion, eine ehrliche Auseinandersetzung mit unseren eigenen sozialen Positionen sowie der Blick über den Tellerrand unserer eigenen Szene.
Bündnisfähigkeit heißt auch, von Separatismus-Vorwürfen abzulassen, wenn GenossInnen sich autonom organisieren wollen. Persönlich habe ich es noch nie erlebt, dass solche Vorwürfe der Einheit einer Bewegung zuträglich gewesen wären. Menschen, die sich zu autonomen Organisationsformen entschließen, haben meines Wissens von solchen Absichten noch nie deshalb abgelassen, weil ihnen jemand erklärte, dass dies »separatistisch« oder »spalterisch« sei. Solche Vorwürfe haben höchstens zur Folge, dass alle Bindungen reißen und unüberbrückbare Gräben aufbrechen. Wenn sich GenossInnen autonom organisieren wollen, gibt es offensichtlich Gründe dafür. Insofern müssen diese Organisationsformen auch als Stärkung der Bewegung begriffen werden, die Grundlagen für besseren Austausch schaffen – und im Idealfall Bedingungen, unter denen sie nicht mehr notwendig sind. Sie als Schwächung zu verteufeln, hilft niemandem.
Was konkrete Möglichkeiten anarchistischer Verbündeten-Politik betrifft, so gibt es dafür durchaus ermutigende Beispiele. Die letzten Jahre haben zahlreiche Koalitionen zwischen anarchistischen und anderen herrschaftsfreien AktivistInnen hervorgebracht, in denen AnarchistInnen Seite an Seite mit radikalen Frauengruppen, libertären Gewerkschaftsbewegungen, NaturschützerInnen, AntimilitaristInnen oder NeoliberalismuskritikerInnen kämpften. Viele dieser Koalitionen waren effektiv und von gegenseitigem Respekt bestimmt. Eine persönliche Anekdote soll die Hoffnungen bestätigen, die ich an solche Bündnisse knüpfe: Vor einigen Monaten besuchte ich gemeinsam

mit einer Freundin, mit der ich schon in der Schule politisch aktiv gewesen war, eine gemischte anarchistische Veranstaltung. Meine Freundin hatte sich früh aus gemischten Zusammenhängen zurückgezogen und sich beinahe ausschließlich in autonomen Frauengruppen organisiert. Im Anschluss an die Veranstaltung meinte sie, dass ihr anarchistische Räume doch immer noch die angenehmsten seien, wenn sie sich in gemischten Zusammenhängen wiederfände – zumindest gäbe es klare antipatriarchale Bekenntnisse und eine gewisse Grundsolidarität sei spürbar. Erlebnisse wie diese stimmen mich zuversichtlich, wenn es um das Potential der anarchistischen Szene als glaubwürdigem Bündnispartner geht.
Auch was den Bezug zu Menschen betrifft, die sich nicht als politische AktivistInnen begreifen, gibt es Beispiele, welche die Möglichkeiten einer effektiven Verbündeten-Politik aufzeigen. Vor kurzem stach mir in einem linken Archiv ein Artikel zum Autonomen Kulturzentrum Reitschule in Bern in die Augen: er handelte von den MigrantInnen, die sich regelmäßig auf dem Platz vor der Reitschule treffen. Der Artikel griff die Problematik auf, dass es nur zu wenig aktivem Kontakt zwischen den AktivistInnen in der Reitschule und den MigrantInnen auf dem Vorplatz komme. Gleichzeitig wurde in begleitenden Interviews mit den MigrantInnen deutlich, dass sie sich deshalb vor der Reitschule treffen, weil es der für sie in der Stadt angenehmste Ort sei. Sie würden in Ruhe gelassen, könnten sich entspannen und in gelöster Atmosphäre Zeit mit ihren FreundInnen verbringen. Es sei, wie einer der Interviewpartner meinte, »so wie in Afrika«. Bei all den offensichtlichen Problemen, die ein Mangel an aktivem Kontakt mit sich bringt, darf die Bedeutung, als Bewegung einen solchen Raum schaffen zu können, nicht unterschätzt werden.
Zudem gibt es Beispiele, wo anarchistische AktivistInnen ganz konkret in Kämpfe von sich nicht als AnarchistInnen verstehende Gruppen eingreifen und diese stärken konnten bzw. wo sie als »gute Verbündete« aufgenommen und akzeptiert wurden. Das Common Ground Projects in New Orleans, das Wiederaufbauhilfe für schwarze Viertel nach dem Hurrikan Katrina leistete, kann hier ebenso erwähnt werden wie die Intervention der FAU in die Fahrradfabrikbesetzung in Nordhausen (»Strike Bike«).

Die allgemeinen Voraussetzungen für AnarchistInnen, eine wichtige Rolle im Rahmen (weit gefasster) herrschaftsfreier Politik zu spielen, sind gut. Wie eingangs erwähnt, kommt der anarchistischen Bewegung heute eine besondere historische Stärke zu. Dafür gibt es mehrere

Belege: die sogenannte Antiglobalisierungsbewegung wird – zumindest seit sie mit den Anti-WTO-Protesten in Seattle 1999 die westliche Welt erreichte – wesentlich von AnarchistInnen mitgetragen (und das betrifft nicht nur den Schwarzen Block!); die neuen alternativen Medien (Indymedia u.a.) sind stark anarchistisch geprägt; Gefangenenhilfe bleibt ein traditioneller Schwerpunkt anarchistischer Aktivität; in radikalen Öko- und Tierrechtsbewegungen sind AnarchistInnen ausgesprochen präsent und einflussreich; zahlreiche Anti-Kriegskampagnen bauen wesentlich auf anarchistischer Unterstützung auf; und in vielen Aufständen und Revolten – wie jüngst in Griechenland – stellen AnarchistInnen eine zentrale Kraft dar.
Indizien für die relative gegenwärtige Stärke des Anarchismus sind zudem die der Bewegung zukommende mediale Aufmerksamkeit, die sich in den letzten zehn Jahren vervielfacht hat, sowie das neu erwachte akademische Interesse, das zu einer noch nie da gewesenen Zahl von Seminaren, Konferenzen und Publikationen zum Anarchismus geführt hat – gipfelnd in dem vor kurzem bei Routledge erschienenen Band *Contemporary Anarchist Studies*.
Auch im deutschsprachigen Raum kann es als symptomatisch betrachtet werden, dass sich heuer in Berlin Leute zusammenfanden, um einen »anarchistischen« Kongress zu organisieren und nicht einen »autonomen« oder »libertären«. Einer der erfreulichsten Aspekte der anarchistischen Bewegung in der deutschsprachigen Welt ist es, dass sie von weit weniger Feindseligkeiten gezeichnet ist als die Bewegungen vieler anderer Länder, in denen unterschiedliche Fraktionen sich bekämpfen anstatt zusammen Politik zu machen. Solche Spaltungen können die anarchistische Bewegung nur schwächen und müssen meines Erachtens nach allen Möglichkeiten vermieden werden. Solange GenossInnen ihre Politik auf antistaatliche und antikapitalistische Grundlagen stellen, muss es möglich sein, sich auf dieser Basis respektvoll austauschen und, bei allen Unstimmigkeiten, gemeinsam kämpfen zu können. Das vereinende anarchistische Band darf nie aus den Augen verloren werden, wenn wir eine effektive politische Bewegung sein wollen.
Debatten um spezifische taktische oder strategische Fragen scheinen mir in diesem Zusammenhang oft überbewertet. Unterschiedliche Ansätze politischer Theorie und Praxis sollten kein Anlass für Zwistigkeiten sein, sondern als Chance gesehen werden, unseren Überzeugungen in unterschiedlicher Weise Ausdruck zu verleihen und anarchistische Politik auf eine breite Basis zu stellen. Auseinandersetzungen wie Pazifismus vs. Militanz, Lifestyle vs. Organisation,

Klassenkampf vs. Technologiekritik, Bewusstseinsbildung vs. kulturelle Intervention sollten nicht zu Bitterkeit führen, sondern zu einer mannigfaltigen Bewegung. Die Vorstellung, über »richtige« Entscheidungen revolutionäre Entwicklungen steuern zu können, ist eine Illusion. Anders gesagt: Sobald es Gruppen gelingt, revolutionäre Entwicklungen zu steuern, verlieren diese zwangsläufig wesentliche libertäre Momente und revolutionäre Avantgarden übernehmen die Kontrolle – dies kann anarchistischer Empfindlichkeit kaum behagen. Revolutionäre Entwicklungen sind wie das Wetter: unvorhersehbar und unkontrollierbar. Die Aufgabe von AnarchistInnen ist es, sich in diese Entwicklungen effektiv einzuschalten, und nicht zu versuchen, sie zu steuern. Taktische und strategische Fragen sind dabei natürlich immer von Relevanz – aber als konkrete, nicht als »ideologische«. Eine Bandbreite an Interventionsmöglichkeiten kann dabei nur hilfreich sein.

Revolutionäre Entwicklungen erleben Perioden der Stärke und Perioden der Schwäche. Während Ersterer ist anarchistische Arbeit am aufregendsten und ermutigendsten. Doch heißt dies nicht, dass anarchistische Arbeit in Zeiten revolutionärer Schwäche umsonst wäre. Ein wesentlicher Verdienst anarchistischer Politik liegt darin, eine Gegenkultur aufzubauen und zu erhalten. Diese ist als unmittelbarer Ausdruck unserer Ideale nicht nur in sich selbst wertvoll, sondern schafft gleichzeitig eine Basis, von der aus wir in Zeiten revolutionärer Stärke effektiv in die gesellschaftlichen Entwicklungen eingreifen können. Die gegenkulturellen Netzwerke beinhalten besetzte Häuser, Kommunen und selbstverwaltete Betriebe genauso wie Föderationen, radikale ArbeiterInnensyndikate und libertäre Bildungseinrichtungen. Sie sind für subversive Bestrebungen von enormer Bedeutung und ihre Pflege ist ein Hauptaugenmerk anarchistischer Politik. Daran knüpfen meines Erachtens zwei wichtige Aufgaben für die gegenwärtige anarchistische Bewegung an:
Die erste liegt im Ausbau internationaler (oder »transnationaler«) Beziehungen. Selbst wenn es angesichts realpolitischer Verhältnisse erklärbar ist, dass auch anarchistische Bewegungen nationalstaatlich geprägt sind, lässt sich ein ironisches Moment hier nicht leugnen. Existierende internationale anarchistische Föderationen – wie die International of Anarchist Federations oder International Libertarian Solidarity – dienen hauptsächlich dem Informationsaustausch oder existieren gar nur nominell; in politische Kämpfe greifen sie kaum ein. Die Internationale ArbeiterInnenassoziation stellt als anarcho-

syndikalistische Internationale ein eigenes Kapitel dar. Doch ist hier nicht der Platz, dieses gebührend zu diskutieren. In jedem Fall bleibt einiges zu tun, was den Kontakt mit AktivistInnen des Trikont betrifft. Dieser beschränkt sich schließlich nicht nur auf Chiapas. Anarchistische Positionen zu den Konflikten im Kongo oder in Darfur wären ebenso wichtig wie – vor allem im deutschsprachigen Raum – eine Positionierung zum Nahost-Konflikt, die sektiererische Sackgassen zu überwinden vermag.
Die zweite Aufgabe besteht in der meines Erachtens notwendigen Überwindung der Exklusivität und Uniformität der anarchistischen Szene. Das Publikum in anarchistischen Lokalen – Buchläden, Cafés etc. – ist in der Regel um vieles homogener als das in x-beliebigen Lokalen der Mehrheitsgesellschaft. Für eine Bewegung, die sich unter anderem über ihre angebliche Überwindung bürgerlicher Normierung definiert, ist dies kaum rühmlich – ganz abgesehen davon, dass es ein wesentlicher Grund dafür ist, warum sich der Eintritt in die anarchistische Gegenkultur für viele Uneingeweihte so schwierig gestaltet. Auch wenn wir es oft nicht wahrhaben wollen und solche Begrifflichkeiten energisch von uns weisen: es gibt in unserer Szene eine Menge Regeln zu lernen und eine Reihe von Codes zu verstehen. Viele fühlen sich davon abgeschreckt. Anderen ist der Lernprozess schlicht zu mühsam.
Dass sich etliche Menschen auch auf einem persönlichen Niveau in der anarchistischen Szene nicht willkommen fühlen, hilft dabei kaum. »Souveränität« und »Coolheit« behaupten sich als zentrale Tugenden, Freundlichkeit wird oft genug mit Bürgerlichkeit verwechselt, und viele GenossInnen scheinen zu fürchten, dass ihnen eine Zacke aus der radikalen Krone fällt, wenn sie als erste Hallo sagen oder lächeln. Die Bedeutung (auch die politische), die einer sozialen Atmosphäre zukommt, die einladend, warm und herzlich ist, darf nicht unterschätzt werden; zudem ist sie die einzige Atmosphäre, die unseren Ansprüchen an eine »bessere Welt« gerecht werden kann.

Mir liegt die anarchistische Bewegung am Herzen, und ich glaube an ihr Vermögen. Nichts, was in diesem Aufsatz formuliert wurde, darf als Anklage missverstanden werden. Trotz aller Schwierigkeiten bin ich davon überzeugt, dass die anarchistische Bewegung einen Beitrag zu mehr Zusammenhalt und Gerechtigkeit auf dieser Welt leistet – ungeachtet dessen, ob eine Revolution vor der Türe steht oder ob wir in scheinbar undankbarer Kleinarbeit relative Freiräume verteidigen. Ohne AnarchistInnen wäre die Welt ein ärmerer Ort,

unabhängig davon, wie viele wir sind oder wie groß unser Einfluss in einer bestimmten historischen Situation ist. Solange es uns gelingt, unsere Prinzipien, Ideale und Träume (wenn auch vielleicht nur ansatzweise) zu leben, solange ist Anarchie Wirklichkeit.
Dass dies mit Kampf verbunden ist, sollte uns nicht verzagen lassen. Dies wird vielleicht immer so sein. Eine Gesellschaft, die keinen Bedarf an kritischen anarchistischen Stimmen hat, kann kaum als anarchistische Gesellschaft gelten. Unzulänglichkeiten, Komplikationen und ungeklärte Fragen gehören zum gesellschaftlichen Leben und müssen als ständig neue Herausforderungen gesehen werden, die das Leben dynamisch und aufregend gestalten, anstatt es statisch und langweilig werden zu lassen. Anarchismus bedeutet Vielfalt, Bewegung und Widerstand.

Gabriel Kuhn

›Neuer Anarchismus‹ in den USA

Seattle und die Folgen

ISBN 978-3-89771-474-8 | 304 S. | 16.80 EUR [D]

Die Proteste gegen das Treffen der Welthandelsorganisation in Seattle 1999 übten wesentlichen Einfluss auf die Entwicklung gegenwärtiger US-amerikanischer Widerstandskultur aus. Ein bemerkenswerter Aspekt dieser Entwicklung ist das Wiedererstarken einer anarchistischen Bewegung, die heute zu einem großen Teil die politische Dissidenz des Landes definiert. Der vorliegende Band präsentiert diese Bewegung anhand neunzehn individuell eingeleiteter und kommentierter Texte.

Greg Jackson

Tötet den Bullen in eurem Kopf!

Zur US-amerikanischen Linken, White Supremacy und Black Autonomy

Übersetzt und herausgegeben von Gabriel Kuhn

88 Seiten | 7,80 EUR [D] | ISBN 978-3-89771-487-8

Trotz der Wahl Barack Obamas zum Präsidenten der USA hat für viele radikale afroamerikanische AktivistInnen die Notwendigkeit eines revolutionären Schwarzen Befreiungskampfs nichts an Aktualität eingebüßt. Ein wichtiger Bezugspunkt für viele der in diesem Kampf engagierten Gruppen - etwa Anarchist People of Color - ist die von 1994 bis 1997 herausgegebene Zeitschrift »Black Autonomy«. Die Herausgeber, Greg Jackson und Lorenzo Komboa Ervin, verpflichteten sich einerseits einem internationalen Klassenkampf und versuchten mit ihrem Konzept einer »Black Autonomy« einen »Black Nationalism« zu überwinden; andererseits kritisierten sie die weiße US-amerikanische Linke unerbittlich für ihren strukturellen Rassismus und betonten die Notwendigkeit unabhängiger Schwarzer Organisation. Greg Jacksons »Autoritäre Linke: Bringt den Bullen in eurem Kopf um!« ist einer der in diesem Zusammenhang erschienenen Schlüsseltexte. In dem vorliegenden Band wird er durch ein rückblickendes Interview Jacksons ergänzt, das auch jüngere Entwicklungen innerhalb der revolutionären Bewegung der USA diskutiert.

Gabriel Kuhn

Tier-Werden, Schwarz-Werden, Frau-Werden

Eine Einführung in die politische Philosophie des Poststrukturalismus

224 Seiten | 14 EUR [D] | ISBN 3-89771-441-8

Einer spezifischeren Auseinandersetzung mit den explizit politischen Dimensionen poststrukturalistischen Denkens stellt der Autor eine Auseinandersetzung mit seinen allgemeineren theoretischen Grundlagen voran. Die Einführung eignet sich so für alle, die an poststrukturalistischer Theorie Interesse pflegen und nach einer Einstiegshilfe in poststrukturalistische Theorienbildung suchen.

Gabriel Kuhn

Jenseits von Staat und Individuum

Individualität und autonome Politik

ISBN 978-3-89771-457-1 | 168 S. | 14.00 EUR [D]

Wie lässt sich in einer individualisierten Gesellschaft solidarische Politik machen? Wie lassen sich kollektive politische Ansprüche einlösen von Einzelnen, die sich in ihren alltäglichen Lebensverhältnissen extrem auf sich selbst zurückgeworfen sehen? »Jenseits von Staat und Individuum« untersucht zunächst die historischen Bedingungen der neuzeitlich-kapitalistischen Individualgesellschaft, um daraufhin - in Anlehnung an anarchistische Traditionen - ein alteritäres Verständnis von Individualität zu konzipieren.

A.G. Gender-Killer

Das gute Leben

Linke Perspektiven auf einen besseren Alltag

208 Seiten | 16 EUR [D] | ISBN 3-89771-451-5

Es gibt ein besseres Leben im falschen. Mit unserem Buch wollen wir den Blick auf diese Möglichkeit zum Besseren richten. Wir wollen fragen, wie wir unseren eigenen Alltag emanzipativ gestalten können: Wie umgehen mit unseren Körpern? Wie umgehen mit unserer Sexualität? Wie umgehen mit dem Älterwerden? Das sind nur einige der Fragen, die uns alltäglich bedrängen - Fragen, denen niemand von uns aus dem Weg gehen kann und auf die eine ›Linke‹ um so dringender eine akzeptable Antwort braucht.

BAKUNIN ALMANACH

Herausgegeben von Bernd Kramer und Wolfgang Eckhardt

Band 1

Der Almanach enthält **unveröffentlichte Bakunin-Dokumente** aus diversen Archiven sowie zahlreiche Essays und Studien, die ein breites Spektrum abdecken: **Von Bakunins Beziehungen zu seiner Frau** Antonija Kwiatkowska, Turgenev, Mickiewicz und den Brüdern Reclus, **bis hin zu aktuellen Fragestellungen** nach dem Stellenwert Bakunins in den Diskussionen des ›Postanarchismus‹

Karin Kramer Verlag, Berlin 2007 | ISBN 978-3-87956-320-3 | 278 S. | EUR 24,80
Leseproben unter www.bibliothekderfreien.de/bakunin/almanach